Vorwort

Als ich 14 Jahre alt war, wohnte unsere Familie im Moseltal. Eines Tages sagte mein Vater zu mir und meinem Bruder: »Wir werden die Oma am Rhein besuchen, mit dem Fahrrad, dabei werden wir den Hunsrück überqueren.« Das hörte sich nach Abenteuer an, er hätte auch sagen können: »Wir durchqueren die Wüste Sahara.« Es ging zuerst moselabwärts, das lief noch gut, aber dann ging es in Serpentinen hinauf auf den Hundsbuckel, wie der Hunsrück landläufig genannt wird. Damals gab es noch keine Gangschaltung, wir schoben und schwitzten und fluchten. Nix Abenteuer, nur elende Schieberei. Als wir endlich oben waren, überquerten wir – wieder mit einigen Steigungen – den Vorderhunsrück und sausten dann endlich hinab zum Rhein. Gott sei Dank, der schreckliche Hunsrück lag hinter uns. Das war meine erste, aber unerfreuliche Begegnung mit der welligen Hochfläche. Die nächsten Begegnungen waren ganz anderer Art. Älter geworden, marschierten wir nun um Raketenstellungen und forderten den Abzug der Atomraketen. Als das geschafft war, wurde aus dem Marschieren Wandern, und nun erschloss sich uns bei weiteren Begegnungen eine Landschaft, die ihresgleichen sucht. Der weite Blick bis zum Horizont, der Gesang der Lerchen, das besondere Licht über den Feldern und die oft raue Hunsrücker Luft, die aber immer belebend wirkt!

Nun bietet sich die Gelegenheit, ein Buch über diese überaus vielfältige Region zu machen. Nach dem Motto »Mosel, Nahe, Saar und Rhein schließen rings den Hunsrück ein« haben wir 111 Orte ausfindig gemacht, die in ihrer Art einmalig sind, wir fanden unglaubliche, verwunschene und skurrile Orte, sagenhafte Stellen und durch Konversion verwandelte Orte.

Mit Absicht sind auch an jedem Fluss, der den Hunsrück begrenzt, einige Orte ausgewählt, um die Lage des Hunsrücks zu verdeutlichen. Der Hunsrück hat's auf jeden Fall in sich.

111 Orte

1__Der Schwarze Peter

Langweile macht erfinderisch

»Lasst uns froh und munter sein und uns recht von Herzen freun! Lustig, lustig, tralleralera, bald ist Nikolausabend da, bald ist Nikolausabend da.« In vielen Liederbüchern steht zu diesem Kinderlied: »Musik: Volksweise, 19. Jahrhundert. Text: Volkslied, 19. Jahrhundert. Ursprung: aus dem Hunsrück.«

Ob das Lied wirklich aus dem Hunsrück stammt, kann nicht mit Gewissheit gesagt werden. Bei einem Kinderkartenspiel mit dem Namen »Schwarzer Peter« verhält es sich ganz ähnlich. Man nimmt aber an, dass es ein Johann Peter Petri aus Hüttgeswasen erfunden hat. Und das hat sich nach Meinung vieler Geschichtsforscher so zugetragen:

Der Köhler Johann Peter Petri wohnte in einer kleinen Hütte in Hüttgeswasen. Weil er schlecht von seiner Arbeit leben konnte, raubte er im Nebenberuf die Leute aus. Im 19. Jahrhundert war der Räuber und Mörder Johann Peter Petri als Verbrecher übrigens viel bekannter als der Schinderhannes; mit Viehdiebstählen, Einbrüchen, Überfällen und Gewalttaten sorgte er für Angst und Schrecken bei der Hunsrücker Bevölkerung.

Irgendwann wurde Petri verhaftet und des Mordes angeklagt, aber er konnte sich durch Flucht vorerst der Strafe entziehen. Zunächst machte er weiter mit Plünderungen und anderen Verbrechen, doch seine kriminelle Karriere endete am 5. Mai 1811. Er wurde nach Mainz zur französischen Verwaltung gebracht, die ihn zu lebenslanger Haft in ein Gefängnis in der Nähe von Paris überstellte. Ja, und hier soll der Hunsrücker Gauner, vielleicht aus Langeweile, das Kartenspiel »Schwarzer Peter« erfunden haben.

An der Köhler- und Holzhauersiedlung Hüttgeswasen wurde 1821 von den Preußen eine Zollstation gebaut, denn hier verlief die Grenze zwischen dem Großherzogtum Oldenburg und den Preußen. Heute wird das Haus als Clubhotel für tolerante Paare genutzt, ganz nach dem Motto: »Lasst uns froh und munter sein … lustig, lustig, tralleralera.«

Adresse Hüttgeswasen 3, 55743 Allenbach-Hüttgeswasen | **Anfahrt** in Morbach von der B 327 auf die B 269 abbiegen | **Tipp** Eine der längsten Sommerrodelbahnen in Rheinland-Pfalz befindet sich am Erbeskopf. Mit 1.356 Metern Länge, vielen Kurven und Geschwindigkeiten bis zu 40 Stundenkilometern ist sie eine echte Attraktion (www.sommerrodelbahn-erbeskopf.de).

2 — Die Erzgrube

Hier wird nichts mehr gewaschen

Abgelegen im Altlayer Bachtal steht an einem Berghang ein Gebäudekomplex aus rotem Backstein. Neben den verfallenen Bauten, die hintereinander angeordnet sind, eine Halde mit Schieferabraum, der allerdings aus einer anderen Grube stammt. Hier, in der Grube »Adolph-Helene«, wurden bis 1959 384.000 Tonnen Blei-, Zink-, Silber- und Kupfererze abgebaut. Durch einen Förderturm wurde die Ausbeute aus einem nahen Bergwerk hierhergebracht, um im Pochwerk zerkleinert zu werden. Im anschließenden »Waschgang« wurde taubes Gestein vom Erz getrennt, beide Materialien haben unterschiedlich spezifische Gewichte. Diese Aufbereitung war als Vorstufe zur Verhüttung nötig. Eine Kleinbahn fuhr das gewonnene Erz nach Zell an die Mosel, wo es auf Schiffe verladen und ins Saarland gebracht wurde.

Ende der 1950er Jahre wurde die Grube aufgegeben, durch den Preisverfall bei Erzen war sie unrentabel geworden. Seither verfallen die Gebäude: Umgeknickte Eisenträger rosten vor sich hin, Mauern sind eingestürzt, es tropft Wasser durchs Dach. Elektroleitungen hängen von der Decke, Bäume wachsen durch die Fensterhöhlen. In einem Becken der ehemaligen Erzwaschanlage hat jemand seinen Sperrmüll deponiert. Efeu bedeckt die Wände, bald sind die bunten Graffiti und derben Sprüche zugewachsen. Irgendwann wird sich die Natur das Gebäude zurückerobert haben.

Aber noch scheint Leben in den Ruinen zu sein, es gibt mehrere Feuerstellen. Verkohlte Teppichreste, angekokelte Bierkästen, zerbrochene Wodkaflaschen und ein im Dreck liegender Grill mit zwei Beinen lassen vermuten, dass hier wilde Partys gefeiert werden. Auf dem Boden liegen Patronenhülsen, wird hier scharf geschossen? In dieser Einsamkeit, weit weg vom nächsten Dorf, wäre es schon möglich. Ein düsterer Ort zum Feiern, nur der vorbeifließende Altlayer Bach mit seinem blauen Schiefergestein hellt die Szenerie etwas auf.

Adresse 56858 Altlay | **Anfahrt** von der B 327 abbiegen auf die L 194, in der Ortsmitte von Altlay gegenüber dem Gasthaus Schmidt parken, dann zu Fuß über die Grubenstraße ins Bachtal, am Bach circa 1 Kilometer aufwärts | **Tipp** Im Nachbarort Peterswald lädt das »Bildchen«, eine kleine Wallfahrtskirche mitten im Wald, zu einem erholsamen Spaziergang ein.

3_ Die Schiefergrube

Das schwarze Gold des Hunsrücks

Im Ortsnamen Altlay steckt der Schiefer schon drin: die Lay, die Loreley, der Layendecker. Schon 1149 wurde der Ort »Leia« genannt. 1498 wurde zum ersten Mal erwähnt, dass dort Schiefer abgebaut wird, und bis zum heutigen Tag ist Altlay das Schieferdorf. Vor einigen Jahren ist man auf eine zehn Meter dicke und 40 Meter hohe Schieferader gestoßen. Wie tief sie in den Berg reicht, weiß man noch nicht, aber hier lagert nach Auskunft der Arbeiter noch Schiefer für viele Hausdächer. Seitdem baut eine Firma das Gestein in langen Stollen ab.

In Gummistiefeln geht es in den Stollen durch zähen Schlamm, von oben tropft Wasser, das auf dem Boden graue Pfützen bildet. Laut ist es hier unten, ohne Ohrstöpsel und Kopfhörer geht nichts. Eine rotierende diamantbesetzte Säge fräst einen tiefen Spalt nach dem anderen in das graue Gestein. Grelle Scheinwerfer sind auf die Arbeitsstelle gerichtet. Durch das Wasser, das zur Kühlung des Sägeblatts benötigt wird, entsteht ein feiner Nebel, der den Raum in ein unwirkliches Licht taucht. Jetzt kommt ein anderes Gerät zum Einsatz, eine Maschine mit einem Meißel, sie löst die vorgeschnittenen Gesteinsbrocken aus dem Felsen. Zwei Tonnen wiegt so ein anderthalb Meter hoher und ein Meter breiter Stein. Ein Radlader bringt die Hinkelsteine nach draußen, und ein Bagger lädt sie dann auf einen Lastwagen. Der fährt den Schiefer nach Bundenbach, wo er in fünf Millimeter breite Dachschieferplatten gespalten wird. Außerdem werden aus dem angefahrenen Material Mauern und Grabsteine gewonnen.

Der unterirdische Abbau bietet Vorteile: Ungestört von schlechtem Wetter, kann man hier ganzjährig abbauen, und der Abraum wird zum Verfüllen schon ausgebeuteter Stollen verwendet. Auch das Landschaftsbild bleibt unbeeinträchtigt, somit ist der Untertagebau natur- und umweltverträglich. Der Schiefer aus der Grube Altlay gehört zu den besten Schiefervorkommen Deutschlands.

Adresse 56858 Altlay | **Anfahrt** von der B 327 abbiegen auf die L 194, in der Ortsmitte von Altlay gegenüber dem Gasthaus Schmidt parken, dann zu Fuß über die Grubenstraße ins Bachtal, am Bach circa 3 Kilometer aufwärts | **Öffnungszeiten** Besichtigung nur nach vorheriger Anmeldung bei der Firma Theis-Böger unter Tel. 06544 / 99790 | **Tipp** Das historische Landgasthaus der Familie Schmidt in der Hauptstraße 20 ist sehenswert, vorn die urige Gastwirtschaft, daran angeschlossen der rote Salon mit modernem Ambiente. Öffnungszeiten Di – Sa ab 17 Uhr, So ab 10 Uhr, Mo Ruhetag.

4 Der Schleifer

Wo im Liegen gearbeitet wird

An der Deutschen Edelsteinstraße liegt die historische Edelstein-schleiferei von Herrn Biehl. Die unscheinbaren Gebäude, zum Teil durch Eternitschindeln verschandelt, verbergen historisch Wertvolles. Das Wasser für den Mühlbetrieb kommt vom gestauten Fischbach. Wenn das Wehr geöffnet wird, rauscht es auf das alte eiserne Mühlrad, dessen Achse in die Mühle führt und Leben in eine Bude bringt, in der die Zeit stehen geblieben ist: Es klappert und rappelt, es ächzt und quietscht in der Mühle am rauschenden Bach. Die Achse dreht ein Rad, auf das ein Transmissionsriemen aus Leder gespannt ist. Dieser wird bis unter die Decke geführt und dreht dort eine Welle, an der mehrere hölzerne Räder montiert sind. Von dort gehen kleinere, schmalere Riemen ab, einer setzt den Schleifstein in Bewegung, ein anderer betreibt ein Stromaggregat. Ein Amperemeter zeigt an, wie viel Strom gerade produziert wird, er reicht für eine weitere Besonderheit: An der Holzbalkendecke brennt eine Kohlenfadenglühbirne, sie soll 100 Jahre auf dem Sockel haben und wurde noch nie ausgewechselt.

Vor dem Schleifstein steht ein Schemel, er sieht aus wie ein durchgesägter Baumstamm. Auf ihn legt sich Herr Biehl mit dem Kopf voran und schleift einen Achat. Das Wasser, das er benötigt, steht in einem Blechtopf über dem Schleifstein und wird nach Bedarf aus einem Gummischlauch gezogen. Neben dem rotierenden Stein, da, wo das Wasser versickert, wächst Farn aus dem Boden. An der Wand hängen seltsame stockfischähnliche Gebilde, es sind Speckschwarten, mit denen das große Rad geschmiert wird.

Seit dem Mittelalter werden im Hunsrück Edelsteine geschliffen. Die heutigen Mineralienfunde decken den Bedarf nicht mehr, aber für Hobbymineralogen und Geologen gibt es immer noch interessante Fundstellen. Fündig wird man auch bei Herrn Biehl. Die fertigen Schmuckstücke können in dem Raum neben der Schleiferei besichtigt und gekauft werden.

Adresse an der Deutschen Edelsteinstraße, 55758 Asbacherhütte | **Anfahrt** von Kempfeld kommend auf der L 160 Richtung Herrstein, Abfahrt Campingplatz Harfenmühle, Parkplatz vor der Schleife | **Öffnungszeiten** Schleife Do−Di 9–17.30 Uhr, Mi Ruhetag (außer an Feiertagen) | **Tipp** Herrstein, das Hunsrücker Fachwerkstädtchen, ist besonders sehenswert. Ein Bummel durch die malerischen Gassen mit den mittelalterlichen Türmen lohnt sich auf jeden Fall (www.herrstein.de).

5 Die Brückenhäuser

Ponte Vecchio über der Nahe

Ziemlich selten dürfte es in Deutschland sein, dass der älteste Teil einer Stadt »die Neustadt« heißt. In Bad Kreuznach ist das so. Historisch klingt das so: Es gab vor langer Zeit zwei Siedlungen rechts und links der Nahe, durch kriegerische Auseinandersetzungen wurden sie zerstört. Graf Gottfried III. von Sponheim ließ darauf Anfang des 13. Jahrhunderts eine neue Stadt bauen, die jetzt zwar der älteste Teil von Bad Kreuznach ist, aber »Neustadt« genannt wird.

Ebenfalls fast einmalig in Deutschland dürften die Brückenhäuser sein, die auf der Nahebrücke stehen. Sie verbindet die Neustadt mit der sehenswerten Altstadt. Die Brückenhäuser wurden 1595 zum ersten Mal erwähnt und sind auf den Pfeilern der alten Brücke von 1300 errichtet. Der Vergleich mit dem Ponte Vecchio in Florenz hinkt zwar, etwas kleiner ist die Angelegenheit hier schon, aber genauso malerisch und architektonisch faszinierend. Die Holzbalken, die die Häuser tragen, ruhen im wuchtigen Fundament eines Steinsockels, der wie ein Schiffsbug spitz zulaufend ins Wasser ragt. So werden bei Hochwasser anschwimmende Baumstämme und anderer Unrat abgelenkt und vorbeigeleitet, ohne dass sie Schaden anrichten. Was auffällt: Die Brückenhäuser werden nach oben hin nicht schmaler, sondern Stockwerk um Stockwerk breiter.

Im Gegensatz zur Brücke entstanden die Brückenhäuser erst zwischen 1575 und 1625. In einem der Häuser befand sich die Schwanenapotheke, die 1784 bei einem Eisgang völlig zerstört wurde – der Apotheker kam dabei ums Leben. Am 16. März 1945 wurde die Brücke von der deutschen Wehrmacht gesprengt, um den Vormarsch der Amerikaner aufzuhalten.

Hohe Wellen schlug ein Brandanschlag auf das Wahrzeichen von Bad Kreuznach. Vor ein paar Jahren wollte ein Mann eines der Brückenhäuser anzünden. Er wurde jedoch kurz vorher von der Polizei festgenommen und der Anschlag dadurch in letzter Minute verhindert.

Adresse Mannheimer Straße, 55545 Bad Kreuznach | **ÖPNV** DB, Haltestelle Bahnhof | **Anfahrt** vom Hunsrück kommend die B 421, dann die L 41 bis Kreuznach, von der Salinenstraße auf den Parkplatz Neuruppiner Platz, in der Stadtmitte den Schildern »Brückenhäuser« folgen | **Tipp** Im denkmalgeschützten Kurpark liegen die crucenia thermen, die Heilkraft der Sole war schon den Römern bekannt. Öffnungszeiten Mo–So 8–21 Uhr.

6_ Das Gradierwerk

Eine frische Meeresbrise

Salz galt schon bei den Römern als Geschenk der Götter. Im Mittelalter wurde es als weißes Gold bezeichnet und mit Edelsteinen aufgewogen. Es wurden sogar Kriege darum geführt. Auf den »Salzstraßen« wurden nur kostbare Waren befördert: Gold, Silber und Gewürze, zum Beispiel Salz.

Aber vor dem Transport musste es gewonnen werden, in Salinen, in Bergwerken und am Meer. In Bad Münster am Stein wurde salziges Quellwasser zum Verdunsten über Gradierwerke geleitet. Bis ins 19. Jahrhundert war Münster am Stein ein Ort mit wenig Erwerbsmöglichkeiten: etwas Landwirtschaft, die Nahefischerei und die Salzgewinnung. 1817 jedoch entdeckte ein Arzt die Heilkraft der Salzquellen, er erkannte, dass die Gradierwerke eine gesundheitsfördernde Wirkung besaßen, und es entwickelte sich ein beachtlicher Kur- und Badebetrieb.

Die Gradierwerke scheinen aus einer anderen Zeit zu stammen. Altmodisch, aber effektiv verbreiten sie gesunde Luft. Mehrfach geschichtete Schwarzdornhecken werden mit Quellwasser berieselt, so verdunstet es auf natürliche Weise. Eventuelle Trubstoffe bleiben in den Dornen hängen, was zur typischen dunkelbraunen Farbe des Reisigs führt. Durch die herabrieselnde Sole wird die Luft mit Salz angereichert, Staubpartikel werden gebunden, Asthmatiker und Pollenallergiker können wieder tief durchatmen, wie bei einem Spaziergang am Meer. Wer genug gesunde Luft geatmet hat, kann zur Trinkkur übergehen. Im 1911 errichteten wunderschönen Jugendstil-Fachwerkbau mit seiner Brunnenhalle sprudeln die Quellen. Hinter dem Kurmittelhaus ist gleich die Nahe, hier verlief einst die Grenze zwischen Preußen und Bayern. Die Fähre, die den kleinen Fluss quert, wird mit der Hand gezogen und bringt die Menschen auf die andere Seite: zu Wanderwegen und dem steil aufragenden Felsen, dem Rheingrafenstein, der Namensgeber für Bad Münster am Stein war.

Adresse Kurhausstraße, 55583 Bad Münster am Stein | **Anfahrt** vom Hunsrück kommend die B 421, dann in Martinstein auf die L 41 bis Bad Münster am Stein | **Öffnungszeiten** April–Nov. jederzeit zugänglich | **Tipp** Im Stadtteil Ebernburg befindet sich das einzige zeitgenössische Skulpturenmuseum der Welt. Öffnungszeiten März–Okt Sa, So, Feiertage 14–17 Uhr.

7_Der Barfußpfad

Man ist hier von den Socken

Beim traditionellen Schäferlauf in Süddeutschland rennen die Schäfer auf einem Stoppelfeld mit nackten Füßen hinter einem ausgebüxten Schaf her. So was nennt man Fußreflexzonenmassage der Königsklasse: schmutzige und blutig zerkratzte Füße. Bei einer normalen Fußreflexzonenmassage soll durch Akupressur die Lebensenergie wieder zum Fließen gebracht werden, inzwischen wird sie nicht nur therapeutisch, sondern auch im Wellnessbereich eingesetzt, sie soll das Wohlbefinden steigern.

Auch der Barfußpfad in Bad Sobernheim bewirkt das, obwohl es auf den ersten Blick gar nicht so aussieht. Gleich anfangs ist man schon völlig von den Socken, denn man muss kniehoch durch ein Becken gelbbrauner Matschepampe waten. Lehm hat in Bad Sobernheim Tradition. Der »Lehmpastor« Emanuel Felke (1856–1926) hat herausgefunden, dass Menschen, die barfuß über taunasse Wiesen laufen und in Lehm baden, sich nachher wohler fühlen. Erde, Luft und Wasser: In diese drei Elemente schickte Felke seine Patienten.

Doch zurück zum Barfußpfad: Jetzt gilt es, mit bloßen Füßen die Nahe zu durchqueren. Spitze Steine im Flussbett können spitze Schmerzensschreie auslösen. Wem das zu sehr unter die Haut geht, der nimmt die Fähre zum anderen Ufer. Nun läuft man eine Zeit lang durch Gras, eine Strecke ohne Schwierigkeiten. Der 3.500 Meter lange Pfad ist eingebettet in die wunderschöne Flussaue der Nahe, 1992 wurde er als Deutschlands erster Barfußpfad eingeweiht.

Jetzt bekommt man Gras, Sand, verschieden harte Steine und Rindenmulch unter den Füßen zu spüren. Zu fühlen ist bei allen Beteiligten auch eine große Freude: Gut gelaunt und entspannt tauschen sie ihre Erfahrungen beim Gang über die verschiedenen Materialien aus. Spannend wird es zum Schluss: Auf einer schwankenden Holzhängebrücke, die über die Nahe führt, geht es zurück an den Ausgangspunkt der Barfußwanderung. Empfehlenswert: kurze Hosen!

Adresse Staudernheimer Straße 90, 55566 Bad Sobernheim | **Anfahrt** vom Hunsrück kommend die B 421, dann weiter auf der L 41, am Naheufer beim Schwimmbad ist ein großer Parkplatz | **Öffnungszeiten** Mai–Okt. täglich 9–mindestens 20 Uhr | **Tipp** Im Freilichtmuseum im Nachtigallental 1, Bad Sobernheim, sind 40 historische Häuser wiederaufgebaut und Weinberge, Weiden und Wiesen angelegt worden. Man hat das Gefühl, in die Geschichte einzutauchen. Öffnungszeiten März–Nov. Di–So 9–17 Uhr, Mo Ruhetag.

8_ Der Soonwald

Der Jäger aus Kurpfalz, ein Schürzenjäger?

»Die Jagd ist eine Nebenform menschlicher Geisteskrankheit.« Dieser Satz des ehemaligen Bundespräsidenten Theodor Heuss war ein Affront für die gesamte Jägerschar, und diese Feststellung hätte auch der Jäger aus Kurpfalz bestimmt nicht gern gehört.

Friedrich Wilhelm Utsch, 1732 in Rheinböllen geboren, war Förster und Forstinspektor im Soonwald, der damals in einem sehr schlechten Zustand war, denn Kühe und Schweine wurden einfach zum Weiden und Fressen in den Wald getrieben. Außerdem hatten die Köhler große Teile des Waldbestandes gerodet, sodass fast keine Holzerträge mehr erwirtschaftet werden konnten. Utsch musste nun als Forstinspektor die neue kurpfälzische Waldverordnung durchsetzen. In zähen Verhandlungen mit Gemeinden und Bauern schaffte er es, den Wald für alle Beteiligten wieder ertragreich zu machen. Dafür bekam er 1913 von Kaiser Wilhelm II. posthum ein Denkmal gesetzt. Der Kaiser kam sogar höchstpersönlich zur Einweihung in den Soonwald, allerdings fand er das Denkmal ein bisschen klein.

Hier im Soonwald wurden in den 1950er Jahren noch Staatsjagden abgehalten. Während der Diplomatenjagd wurde so manch kapitaler Hirsch erlegt und mancher Bock geschossen. Gar nicht diplomatisch geht es im Lied vom Jäger aus Kurpfalz zu, er schießt das Wild daher, gleich wie es ihm gefällt. Ja, können sich denn die hohen Herren Jäger alles erlauben? Aus der dritten und vierten Strophe des Liedes, die in Liederbüchern übrigens nicht erscheinen, geht hervor, dass sie es können. Und nicht nur Hirsche schießen diese Jäger, im Lied ist zwischen den Zeilen etwas vom Schürzenjäger zu hören:

> »Hubertus auf der Jagd, der schoß ein'n Hirsch und einen Has
> er traf ein Mägdlein an, und die war achtzehn Jahr …
> des Jägers große Lust, den hohen Herren ist bewusst
> jawohl, jawohl bewusst, wie man das Wildbret schuß.«

Adresse 55566 Bad Sobernheim-Entenpfuhl | **Anfahrt** von Simmern Richtung Gemünden auf der L 162, in Gemünden auf die L 229 | **Tipp** Das Treppensteigen lohnt sich, der Aussichtsturm Alteburg ist der Punkt mit der schönsten Sicht über den Soonwald.

9_ Pferdsfeld

Ein modernes Märchen

Es war einmal ein kleines Dorf im Hunsrück. Schon ganz früh müssen hier Menschen gewohnt haben, denn man fand ein Fürstengrab aus der Zeit der Treverer, die um 100 nach Christus die Gegend bevölkert haben. Die erste urkundliche Erwähnung war 1295. Zu dieser Zeit war man in Köln damit beschäftigt, eine große Kirche zu bauen, die später einmal Kölner Dom genannt werden sollte. In Pferdsfeld auf dem Hunsrück aber waren die Leute damit beschäftigt, satt zu werden. Sie hielten Vieh und betrieben Landwirtschaft, was bei den kargen Böden des Hunsrücks nicht immer einfach war. Das kleine Dorf wurde im Lauf der Zeit größer und bekam immer mehr Einwohner. Die bauten sich dann auch eine Kirche. Sie wurde – im Gegensatz zum Kölner Dom – schnell fertig.

Etwas später, 1913, kam Kaiser Wilhelm II. ganz nahe an Pferdsfeld vorbei, als er im Soonwald das Denkmal des Jägers aus Kurpfalz einweihte. Wieder ein paar Jahre später, um genau zu sein, 1939, baute man einen Flugplatz für den kommenden Krieg. Als dieser schon fast vorüber war, kamen die Amis und zerstörten viele Häuser. Die Pferdsfelder aber bauten ihre Häuser wieder auf, so schön, dass sie 1974 sogar einen Preis beim Wettbewerb »Unser Dorf soll schöner werden« bekamen. Der Ort erhielt aber auch noch den Titel »Das lauteste Dorf Deutschlands«, denn in Sichtweite war ein Nato-Flugplatz entstanden. Eine Lärmschutzkommission stellte fest, dass der Fluglärm den Pferdsfeldern nicht länger zumutbar sei. Man siedelte sie kurzerhand um in eine neue Siedlung, die extra für die Pferdsfelder in Bad Sobernheim gebaut worden war. Dann kamen die Bagger und ebneten das Dorf Pferdsfeld ein. Nur die Kirche blieb noch eine Weile stehen. Dann wurde 1989 die Mauer in Berlin abgerissen, und man meinte, jetzt sei der Flugplatz ja nicht mehr nötig. Nur der Kölner Dom steht immer noch. Und einmal im Jahr treffen sich die Pferdsfelder auf dem Boden des ehemaligen Dorfes und erzählen von früher.

Adresse 55566 Bad Sobernheim-Pferdsfeld | **Anfahrt** von Gemünden aus die L 229 bis Flugplatzgelände, dort über Wirtschaftswege zum ehemaligen Ort | **Tipp** Wo früher die Ortsmitte war, plätschert ein Brunnen, daneben steht eine Gedenkstele für den Pfarrer Paul Schneider, den »Prediger von Buchenwald«, der wegen seines Widerstands gegen das Regime von den Nazis umgebracht wurde.

10__ Der Friedensacker

Die Friedensbewegung im Hunsrück

Der Hunsrück war in den 1980er Jahren als der »Flugzeugträger der Nato« bekannt. An vielen Stellen wurden militärische Objekte errichtet: Flugplätze, Munitionslager, Kasernen, Bunker, Fahrzeugdepots und Raketenabschussbasen. Man vermutete damals, dass in Rheinland-Pfalz das größte Atomwaffenarsenal der Republik lagerte. Wenn nicht sogar der ganzen Welt.

Von den Cruise-Missiles gab es 96 Stück im Hunsrück. Es waren Raketen mit Atomsprengköpfen, die im Ernstfall nach Osten geschossen worden wären. Natürlich standen im Osten auch Raketen, die im Ernstfall nach Westen geflogen wären, und hier wie da wären unendlich viel Leid und Zerstörung entstanden. Gegen diese menschenverachtende Aufrüstung hatten viele etwas, und es formierte sich im Hunsrück großer Widerstand: Die Hunsrücker Friedensbewegung entstand. Zuerst waren es kleinere Demos, die aber immer friedlich verliefen. An der B 327, der Hunsrückhöhenstraße, stellte die Friedensbewegung 96 Holzkreuze auf einen Acker, den Friedensacker, für jede Rakete ein Kreuz. Die politischen Fronten verhärteten sich, der Kalte Krieg drohte zu einem heißen Atomkrieg zu werden. Dann 1986 eine riesengroße Demo mit fast 200.000 Menschen. So viele Menschen hatte der Hunsrück noch nie auf einmal auf seinem Buckel gehabt. In Zeiten der eskalierenden, gewalttätigen Demos – damals in Wackersdorf, mit vielen Verletzten und sogar Toten – war man gespannt auf diese Großdemonstration und ihren Ausgang. Und dann das Wunder: keine Ausschreitungen, keine Stahlkugeln, kein Wasserwerfereinsatz, keine verletzten Polizisten und keine verletzten Demonstranten. Alles blieb friedlich.

Drei Holzkreuze auf dem ehemaligen Friedensacker, direkt neben der B 327, erinnern noch heute an diese bewegte Zeit. Und im Ort Bell am Ortseingang nimmt die Kuh auf einer Hauswand die Raketen auf die Hörner und zertrampelt sie mit den Hufen, ein symbolträchtiges Bild.

Adresse 56288 Bell | **Anfahrt** Hunsrückhöhenstraße, Abfahrt Bell, auf der L 204 in den Ort, am Ortseingang steht ein landwirtschaftliches Gebäude, darauf ist die Kuh zu sehen, die drei Kreuze sieht man am besten von der Straße aus | **Tipp** Besuchen Sie das Waffelcafé im Tier-Erlebnispark (Am Markt 1, 56288 Bell, Öffnungszeiten Sa, So, Feiertage 10–18 Uhr).

11__Die Hexe
Ein grausames Vergnügen

An der höchsten Stelle des Plateaus steht eine mächtige alte Buche, knorrig und verästelt. Moos wächst auf ihrer rauen Rinde, die teilweise zerborsten ist. Hier, an dieser Buche, soll die Stelle sein, an der die verurteilte Elisabeth Laux als Hexe verbrannt worden ist. Doch zuerst wurde sie gefoltert. Bei der ersten Prozedur wurden ihr die Folterinstrumente nur gezeigt: Bein- und Daumenschrauben, glühende Eisen und Streckvorrichtungen. Doch Elisabeth bestritt es, eine Hexe zu sein. Sie stand in dringendem Verdacht, sich in fremden Ställen herumgetrieben zu haben, um die Tiere der Nachbarn zu verhexen. Die Geistlichkeit redete ihr zu, ein Geständnis abzulegen. Aber Elisabeth weigerte sich zuzugeben, eine Hexe zu sein. Nun wurde der zweite Teil der Folter angewandt: Elisabeth wurde von einem Priester exorziert, das heißt, ihr wurde der Teufel ausgetrieben. Dann wurde sie vom Henker entkleidet, rasiert und, in ein Leinenkleid gesteckt, an gefesselten Armen an der Buche emporgezogen, bis ihr die Gelenke aus den Pfannen sprangen und die Sehnen rissen.

Was den Römern ihre grausamen Spiele in den Arenen, waren hier im Hunsrück die Hexenverbrennungen. Schaudernd ergötzte man sich an solchen Hinrichtungen, und nicht selten artete eine solche Verbrennung in ein Volksfest aus. Man pilgerte zum Platz, und Marktleute, Händler, Moritatensänger und Wirtsleute erhofften sich bei dem grausamen Schauspiel gute Geschäfte, denn wo und wann sonst kamen im Hunsrück so viele Menschen zusammen?

Schließlich konnte Elisabeth nicht mehr, sie gab zu, eine Hexe zu sein. Somit war sie schuldig und wurde verbrannt. Gnädigerweise schlug man ihr vorher noch den Kopf ab.

Und hier an der alten Buche steht beim jährlich stattfindenden Beller Markt mit seinen vielen Verkaufsständen ein mit rot glühender Holzkohle gefüllter Schwenker, auf dem leckere Nackenkoteletts gegrillt werden.

Adresse Am Markt 1, 56288 Bell | **Anfahrt** von der Hunsrückhöhenstraße abbiegen zum Parkplatz des Tier-Erlebnisparks Bell, von dort 100 Meter zu Fuß zur Baumallee mit der alten Buche | **Tipp** Das Haus der regionalen Geschichte auf der Unterburg in Kastellaun zeigt anhand vier großer Themen die Geschichte des Hunsrücks. Von den Kelten und Römern, vom Mittelalter bis hin zum Kalten Krieg zeigt diese Dauerausstellung den Wandel der Region. Öffnungszeiten März–Sept. Do–So 12–17 Uhr (www.unterburg-kastellaun.de).

12 ___ Der Gnadenbrothof

Altenheim für Pferde

Wer über den Hunsrück fährt, stellt fest: Hunsrück und Pferde gehören zusammen. Auf vielen Wiesen und Koppeln stehen Pferde aller Rassen. An Sommertagen kann es sogar passieren, dass man hinter einer Pferdekutsche herfährt.

Aber irgendwann ist für Mensch und Tier die Zeit gekommen, nach getaner Arbeit tut alles weh, man wird alt. Viele Menschen beschließen dann, in ein Altersheim zu gehen. Bei Pferden, die nicht mehr geritten werden oder krank sind, bedeutet dies oft ein schnelles Ende (Stichwort: Pferdemetzger).

Aber im Beller Ortsteil Völkenroth, auf dem Hof »Zur Alten Mühle«, können diese Pferde einen schönen Lebensabend verbringen. Zum Hof gehören viele Hektar Weideland und ein Pferdestall. 32 Pferde und Ponys verbringen hier zurzeit ihren Lebensabend. Von Juni bis Ende Oktober sind die Tiere draußen. Die Stuten, eine Wallachherde und die Ponys haben jeweils eigene Weideareale, das gewährleistet ein stressfreies Miteinander.

Da die Bösings mit den Einstellmöglichkeiten auf anderen Höfen nicht zufrieden waren, war ihr Ziel ein eigener Hof für ihre Pferde, den haben sie hier in Völkenroth gefunden. Jetzt stehen einige Einstellpferde in der Pension.

Und obwohl die Hofbesitzer wissen, dass sich die Pferde – darunter auch ihr 32 Jahre alter Senior – morgen wieder in den Matsch legen werden, striegeln sie sie heute. Das ist gute Pflege, und die Tiere nehmen sie gerne an.

Auf dem Hof stehen Tiere mit Sehnenproblemen, Rückenleiden und Asthma. Der dunkelbraune Wallach Pinocchio ist blind und bewohnt mit einem Weidegenossen eine eigene Weide nahe am Haus. Sogar ein ehemaliges Dressurpferd aus Düsseldorf hat seine noble Reitanlage gegen eine Wiese im Hunsrück getauscht und genießt das Rentnerleben auf diesem Gnadenbrothof. Schöner, weil düsseldorferischer klänge ja »Seniorenresidenz für Pferde.«

Adresse Alte Hauptstraße 23, 56288 Bell-Völkenroth, Tel. 06762/961749, www.gnadenbrothof.de | **Anfahrt** von der B 327 auf die K 24 abbiegen, der nächste Ort ist Völkenroth | **Tipp** In Külz, einem kleinen Ort an der L 108, Hauptstraße 20, werden im großen Stil preiswerte Markenjeans angeboten, ein großes Outlet-Center im kleinen Ort.

13_ Der Ruhewald

Unter allen Wipfeln ist Ruh

Für diese Veranstaltung bitte wetterfeste Kleidung und festes Schuhwerk mitbringen, denn sie findet grundsätzlich bei jedem Wetter statt. Wenn allerdings Sturm angesagt ist, wird die Beisetzung im Ruhewald aus Sicherheitsgründen verschoben und neu terminiert. Ist es dann so weit, kommt der Verstorbene unter den Baum, den er sich zu Lebzeiten ausgesucht hat.

Ein Loch ist ausgehoben, und die Asche des Verstorbenen wird in einer biologisch abbaubaren Urne im Beisein eines ehemaligen Försters unter die Eiche oder Buche gebracht. Unter allen Wipfeln ist dann ewige Ruh. Der Forstmann dokumentiert die Stelle, und wer will, kann am Baum eine kleine Tafel mit den Lebensdaten des verstorbenen Angehörigen anbringen lassen. Er kann, aber er muss es nicht. Bestattet wird mit oder ohne Pfarrer, mit oder ohne Grabredner, mit oder ohne Musik, aber immer zwitschert irgendwo ein Vogel. Im Winter krächzt vielleicht eine Krähe auf dem Nachbarbaum.

Die Bäume im Ruhewald Beulich sind teilweise über 100 Jahre alt, und er liegt nahe bei aufgefundenen Römergräbern. Das passt ja, nur dass es hier im Wald nicht mehr Grab, sondern Ruhebiotop heißt. Am Andachtsort stehen ein paar Bänke. Man setzt sich, und der Blick geht zu einem Baum, in den ein Kreuz gesägt wurde. Hier kann man in aller Ruhe über Leben und Tod nachdenken. Gejagt wird in diesem Wald nicht mehr, und es findet auch keine Forstwirtschaft statt. Motorsägen werden nur noch eingesetzt, wenn Äste oder tote Bäume die Besucher in Gefahr bringen. Die Angehörigen der Verstorbenen brauchen sich bei dieser Art Grab nicht mehr zu bücken. Es ist auch kein wechselnder Blumenschmuck durch die Jahreszeiten mehr vonnöten, da die Ruhebiotope Teil des natürlichen Waldes sind. Und die lästige Pflicht, das Grab an Allerheiligen auf Vordermann zu bringen, entfällt auch, die Grabpflege übernimmt die Natur.

Adresse 56283 Beulich | **Anfahrt** im Kreisel Emmelshausen dem Schild Brodenbach folgen, auf der L 206 bis kurz vor Beulich, dann nach links abbiegen, dem braunen Schild »Ruhewald« folgen, geteerter Feldweg bis zum Sportplatz | **Tipp** Der Grieshof in Beulich ist für einen Familienurlaub wie geschaffen. Man kann Ponys und Esel reiten, Schweine, Hühner und Ziegen füttern, und es werden auch Traktor- und Planwagenfahrten angeboten (www.grieshof.de).

14__Das Waldforum

Entspannen statt Kraulen

Ein asphaltierter Weg führt durch die Felder zum ausgeschilderten Waldforum. Eine Informationstafel überrascht mit einer reich bebilderten Geschichte. Eine der Schwarz-Weiß-Aufnahmen zeigt, dass da, wo jetzt der Teich ist, früher mal ein Schwimmbad war, mitten im Wald. Es war ein gemauertes, rechteckiges Becken mit Sprungblöcken, einer Rutsche und zwei Sprungbrettern. Hier, im Beulicher Waldschwimmbad, hat der Vorderhunsrück schwimmen gelernt.

Von überall her kamen die Menschen, um zu baden und zu schwimmen. 1936 hatten Mitglieder der Jugendbewegung »Frisch auf« die spontane Idee, hier an der wasserreichen Stelle mitten im Wald ein Schwimmbad zu bauen. Gesagt, getan. Mit Schaufeln, Hacken und Schubkarren rückten sie an und bauten es in Eigenleistung. 1937 war das Schwimmbad fertig und wurde eröffnet. Bis zu 300 Besucher zählte das Schwimmbad an schönen Sommertagen, in den 50er Jahren wurden hier sogar Bezirksschwimmwettkämpfe durchgeführt. Doch die Wasserqualität ließ zu wünschen übrig. Es wurde geschlossen und einige Jahre später renaturiert. So ist auf dem ehemaligen Schwimmbadgelände ein wunderbarer Ort entstanden. Die Bachläufe wurden offen gelegt, um Kindern die Möglichkeit zu geben, in einem Bach zu spielen. Aus dem Schwimmbad ist ein Teich geworden, in dem Kaulquappen, Frösche und Lurche wohnen. An den im Wasser und im Sumpfgelände wachsenden Binsen halten sich Libellen fest oder schwirren übers Wasser. Informationstafeln erklären die verschiedenen Quellarten und informieren über den Unterschied zwischen Teich und See. Am Bienenhotel erfährt man, wie Wespen und Wildbienen leben. Spielend werden hier ökologische Zusammenhänge erklärt. Vor der Waldbühne liegen Baumstämme als Sitzgelegenheit. In der Nähe ist eine Grillstelle. Ruhig ist es hier, nur die Bäche murmeln und plätschern. Ein Ort, um der Hektik des Alltags zu entfliehen.

Adresse 56283 Beulich | **Anfahrt** im Kreisel Emmelshausen dem Schild Brodenbach folgen, auf der L 206 bis kurz vor Beulich, gegenüber einem Wirtschaftsgebäude links abbiegen, dann dem braunen Schild »Waldforum« folgen | **Tipp** Geschichtsbegeisterte kommen auf der Ehrenburg bei Brodenbach auf ihre Kosten. In Ferienfreizeiten können Schulklassen am mittelalterlichen Burgleben teilhaben. Öffnungszeiten Ostern bis Allerheiligen Mo – Sa ab 10 Uhr, So, Feiertage ab 11 Uhr (www.ehrenburg.de).

15_ Das Landesmuseum

Oldenburg im Hunsrück

Weil es gerade anfängt zu regnen … ein Besuch im Landesmuseum ist eine gute Möglichkeit, herauszufinden, was es mit den Oldenburgern in Birkenfeld auf sich hat. Das Museum wurde 1910 im Stil eines römischen Landhauses gebaut und in Gegenwart von Großherzog Friedrich August von Oldenburg eingeweiht. Schon wieder Oldenburg! Warum machte der Adlige eine so weite Reise, um hier, in Birkenfeld, ein Museum einzuweihen? In der Abteilung für regionale Geschichte klärt sich die Sache.

Von vorn: 981 wurde Birkenfeld zum ersten Mal urkundlich erwähnt. 1223 wurde die Grafschaft Sponheim in eine Vordere und eine Hintere Grafschaft geteilt, Birkenfeld wurde der Hinteren Grafschaft zugeteilt. Nach dem Tod des letzten Sponheimer Grafen ging das Erbe 1437 an den Markgrafen von Baden über. 1584 residierte ein Seitenzweig der Wittelsbacher im Ort. Von dieser Linie stammen alle bayrischen Könige ab.

Hätte es also die Birkenfelder Linie der Wittelsbacher nicht gegeben, hätte es auch keinen König Ludwig II. gegeben. Und kein Schloss Neuschwanstein. Unfassbar!

Nach den Befreiungskriegen gegen Napoleon 1813 bis 1815 erhielt der Herzog von Oldenburg als »Belohnung« für seine Unterstützung der Preußen 1817 das Fürstentum Birkenfeld. Der Oldenburger Landesherr stieg zum Großherzog auf, und so ein Großherzog braucht natürlich ein Schloss. Als erste Baumaßnahme ließ er sich Schloss Birkenfeld bauen. Für Soldaten, die so ein Großherzog ebenfalls braucht, ließ er eine Infanteriekaserne und weitere Bauten im klassizistischen Stil errichten, die bis heute das Birkenfelder Stadtbild prägen. 1937 wurde der Ort der preußischen Rheinprovinz zugeteilt, und heute ist Birkenfeld Kreisstadt mit circa 6.700 Einwohnern. Die werden vom Schloss aus verwaltet, denn das Oldenburger Schloss ist heute Sitz des Landrats des Kreises Birkenfeld. Es hat aufgehört zu regnen, aber: Regen bildet.

Adresse Schneewiesenstraße 25, 55765 Birkenfeld | **Anfahrt** bei Morbach von der B 327 auf die B 269 Richtung Birkenfeld abbiegen, Parkplatz vor dem Museum | **Öffnungszeiten** April–Okt. Di–Do 10–12.30 Uhr und 13.30–17 Uhr, Fr 10–12.30 Uhr und 13.30–15 Uhr, So 14–17 Uhr | **Tipp** In Wilzenberg-Hußweiler in der Nähe von Birkenfeld ist eine der wenigen Käsereien im Hunsrück zu finden: Der Bornwiesenhof in der Hußweilerstraße 40 hat Mi und Fr 16–18 Uhr geöffnet.

16__Der stille Turm
Schiffsfunk im Bergland

Die Fleckertshöhe ist mit 531 Metern die höchste Erhebung im vorderen Hunsrück, und auf ihr steht das höchste Gebäude im Rhein-Hunsrück-Kreis. Es ist so etwas wie das Wahrzeichen des Vorderhunsrücks: ein Sendemast, der – mit armdicken Stahlseilen gesichert – 120 Meter hoch in den Himmel ragt. Ab 1960 strahlte er Fernsehprogramme aus und versorgte Teile des Hunsrücks, der Eifel, des Taunus und auch das Rheintal mit analogen Fernsehbildern. Inzwischen hat die rot-weiße Stahlfachwerkkonstruktion als Fernsehsender ausgedient. Mit der Umstellung auf digitales Fernsehen wurde der Sendemast abgeschaltet und befindet sich jetzt im Ruhestand. Man hat ihn auch einen Kopf kürzer gemacht: Von den ehemals 120 Metern Höhe wurden ihm 20 abmontiert. Nur als Richtfunk für den Schiffsverkehr auf dem Rhein und als Handymast hat er noch eine Funktion. Außerdem werden an ihm Übungen des Höhenrettungstrupps der Deutschen Telekom und von Feuerwehren und Katastrophenschutz abgehalten.

Gegründet wurde der Ort Fleckertshöhe 1844. Als mehrere Bürger der Nachbargemeinde Weiler keinen Platz mehr für ihre Landwirtschaft fanden, kauften sie das Land um den Steckerter Kopf, rodeten es und machten es zu Wiesen- und Ackerland.

Und es gibt noch einen Turm in Fleckertshöhe, es ist der Glockenturm der Sankt-Anna-Kapelle. Die Dorfgemeinschaft hat die kleine Kapelle in Eigenarbeit renoviert, und jeden Mittag, Punkt zwölf Uhr, ertönt die Glocke aus dem Turm der Kapelle. Auch ihre Kirmes feiern die Dorfbewohner am Namenstag der Heiligen. Sie ist die Schutzpatronin bei Gewitter. Extra für ihre Kirmes haben die Menschen eine Kirmesgemeinschaft gegründet und einen alten Bauwagen angeschafft. Er wurde ebenfalls restauriert und als Ausschank hergerichtet. Dann hat man sich ein Logo ausgedacht und auf dem Bauwagen angebracht. Darauf zu sehen: der Turm, die Hunsrückhöhenstraße, die heilige Anna und die Kapelle.

Adresse 56154 Boppard-Fleckertshöhe | **Anfahrt** von der B 327 Richtung Boppard auf die K 117 abbiegen, nur von außen zu besichtigen | **Tipp** Flanieren Sie auf der wunderschönen Rheinuferpromenade von Boppard und besichtigen Sie das große Römerkastell. Die Reste der Anlage umschließen den heutigen Ortskern und sind jederzeit zugänglich.

17 Der Barockgarten
Zwei Flaschen für den Bischof

Der Barockgarten in Hirzenach ist ein Kleinod unter den rheinland-pfälzischen Gartenanlagen. Das ganze Ensemble macht einen prächtigen Eindruck: im Hintergrund die wuchtige Pfarrkirche St. Bartholomäus aus dem 13. Jahrhundert und rechts ein barockes Gebäude, die Propstei, die 1716 fertiggestellt wurde.

Dieses reizvolle Architekturensemble steht seit 1992 als »Denkmalzone Ehemalige Propstei Hirzenach« unter Denkmalschutz. Während der französischen Besatzung im 18./19. Jahrhundert wurden alle adligen und kirchlichen Gartenanlagen zerstört. Nicht so in Hirzenach. Deshalb ist der Propsteigarten auch von großer gartenhistorischer Bedeutung.

Aber große Bedeutung hin oder her: In den 1990er Jahren verwilderte der Garten immer mehr, es war keiner mehr da, der ihn pflegen mochte. Da gründeten ein paar beherzte Hirzenacher Gartenfreunde den »Förderverein Propsteigarten Hirzenach e. V.«. Seine Mitglieder führen Pflege- und Verschönerungsarbeiten durch, die Beete sind an Hirzenacher Einwohner verpachtet. In den Beeten gedeihen Tomaten, Zwiebeln und Kartoffeln. Man kann sich durch verschiedene Küchenkräuter schnuppern, und es wurde sogar ein Apothekergärtchen angelegt. Tatsächlich wachsen wieder Reben auf den Terrassen, und wenn der Wein geerntet und in Flaschen abgefüllt ist, fahren die Hirzenacher Gärtner nach Trier und überreichen dem Trierer Bischof zwei Flaschen vom Wein des Propsteigartens, das hatte man vor langer Zeit so ausgemacht.

Es macht Spaß, mit einem Glas Wein durch den Garten zu schlendern und sich mit den Hirzenacher Gartenfreunden zu unterhalten. Meistens springen dabei noch ein paar wertvolle Tipps für den eigenen Garten heraus. Und wenn wegen der vorbeirauschenden Züge kein Gespräch mehr möglich ist … »Na ja«, sagt ein Hirzenacher, »in der Zeit kann man ja einen Schluck Wein trinken.« Es sind viele Züge, die am Hirzenacher Propsteigarten vorbeidonnern.

Adresse Propsteistraße 3, 56154 Boppard-Hirzenach | **Anfahrt** von der B 327 in Emmels-hausen am Kreisel abbiegen auf die L 206 Richtung Karbach, von da auf die L 213 nach Holzfeld, dann der Beschilderung Hirzenach bis Rheinstraße folgen | **Tipp** In Emmels-hausen befindet sich das Agrarhistorische Museum (Rhein-Mosel-Straße 9–11). In einem wiederaufgebauten Hunsrücker Bauernhaus werden Arbeitsgeräte aus Vergangen-heit und Gegenwart ausgestellt. Öffnungszeiten 29. März–1. Nov. Fr 16–19 Uhr, Sa, So 14–17 Uhr.

18__ Der Bunker Erwin

Streng geheime Kommandosache

Drei Jahre hat man gebraucht, um Erwin zu bauen, durch mehrmaliges Umbauen und Erweitern betrug die Gesamtgröße des Bunkers schließlich 15.000 Quadratmeter. Die Wände der Anlage sind 3,50 Meter dick, die Decke besteht aus einer vier Meter hohen Betonschicht. Darüber liegt eine sechs Meter dicke Erdschicht. Erwin hatte Platz für 250 Soldaten, während des regulären Dienstes passten 300 bis 350 hinein, und bei militärischen Übungen fasste er sogar 750 Menschen. Um die alle mit guter Börfinker Luft zu versorgen, mussten sich die Techniker etwas einfallen lassen. Ein noch größeres Problem bereitete den Planern die Wärme, die so viele Menschen und die energieliefernden Generatoren abgaben. Da die Wärmebildkameras feindlicher Flugzeuge den Bunker nicht orten sollten, bedurfte es raffinierter Einrichtungen. Das Problem der Generatorenabgase wurde zum Beispiel mittels eines ausgeklügelten Systems mit Wärmeüberträgern gelöst, somit war der Bunker für Wärmebildkameras unsichtbar. 1973 wurde die Anlage Nato-Kommandobunker. Sie beherbergte das gemeinsame Kriegshauptquartier, eine satellitengestützte Feindnachrichtenzentrale der amerikanischen Streitkräfte und eine Außenstelle des Amtes für Nachrichtenwesen der Bundeswehr.

Erwin ist ein bombastisches Relikt aus dem Kalten Krieg, damals spielte er in der Luftverteidigung Europas eine zentrale Rolle, seit 1994 ist er außer Betrieb. Mehrmals wurde der Versuch unternommen, die Liegenschaft zu verkaufen, doch Erwin blieb lange ein Ladenhüter. Jetzt hat eine IT-Firma die Anlage gekauft und richtet ein Hochsicherheitsrechenzentrum nebst Softwareentwicklung und ein Schulungszentrum ein. Erwin verfügt über einen speziellen Schutzschirm gegen elektromagnetische Strahlen, dadurch werden sensible Daten besser geschützt. Wieso heißt Erwin Erwin? Wie beim Wetter die Tiefs oder Hochs, so bekommen auch Bunker Namen, aber nur männliche.

Adresse 54422 Börfink | **Anfahrt** bei Morbach von der B 327 auf die B 269 Richtung Birkenfeld, beim Weiler Hüttgeswasen abbiegen auf die K 49 nach Börfink, in der vorletzten Kurve vor Börfink befindet sich das Tor zur Bunkeranlage, nur von außen zu besichtigen | **Öffnungszeiten** Do–Sa 11.30–22 Uhr, So, Feiertage 11–22 Uhr | **Tipp** Eine der größten Forellenzuchtanlagen im Hunsrück befindet sich in Trauntal in den Quellwiesen. Das Besondere ist die naturnahe Aufzucht von Regenbogen- und Bachforellen. Im angeschlossenen Restaurant kommen die Fische frisch auf den Tisch (www.forellenhof-trauntal.de).

19__Die Eremitage

Ein Mann sieht rot

Kurz bevor der aus dem Hunsrück kommende Guldenbach in die Nahe fließt, kommt er am Felsenkloster vorbei. Bei diesem Begriff denkt man unwillkürlich an Klöster in Mittelmeerländern, man sieht vor seinem geistigen Auge auf steilen, meerumtosten Felsen Mönche mit langen Bärten stehen. Der Ort diente schon in vorchristlicher Zeit als heidnische Kultstätte, er wurde in frühchristlicher Zeit umgewidmet und 1034 nachweislich als christliche Kirche erwähnt.

Das Felsenkloster wird unter Fachleuten als einmalig nördlich der Alpen angesehen. Der rote Sandstein ist typisch für die Gegend, in ihn wurden Treppenstufen gehauen, aus ihm wurden Pfeiler herausgemeißelt, Fenster herausgeschlagen, und links neben den drei unteren Eingängen erkennt man schemenhaft im roten Fels das verwitterte Relief eines Ritters. Man weiß nicht, wer es sein soll, aber der Ritter könnte hier, in diesem überdachten Felsengrab, liegen.

Oben, sozusagen in der zweiten Etage, ist ein Kreuz zu sehen, und im roten Stein sind drei Felsanker zu erkennen. Mit ihnen hat es folgende Bewandtnis: Anfang des 18. Jahrhunderts wurde eine neue Kirche gebaut, die sich als Wallfahrtsort gut entwickelte und von drei in den Felsen wohnenden Eremiten betreut wurde. Von der Kirche ist nichts mehr zu sehen, und auch die Felsenwohnung steht seitdem leer. Erst 1993 begann man mit Sicherungsmaßnahmen. Da der Felsen durch einwachsende Bäume und Sträucher brüchig wurde und Wasser eindrang, musste umfangreich saniert werden. Man setzte 30 Meter tiefe Felsanker, um das Gestein zu sichern. Das Innere der Anlage besteht aus einer 90 Quadratmeter großen Wohnung, deren Räume klösterliche Namen wie Dormitorium, Oratorium und Refektorium haben.

Auch der Tod des letzten Eremiten hatte mit Sanierungsarbeiten zu tun: Als er einige Felsen sichern wollte, stürzte er aus großer Höhe ab und starb an inneren Verletzungen.

Adresse 55559 Bretzenheim | **ÖPNV** DB RB Bingen Kreuznach, Haltestelle Bretzenheim, ausgeschilderter Wirtschaftsweg vom Ort aus zur Eremitage | **Tipp** Die Straußwirtschaften im Ort bieten einheimische Weine, Sekte und Liköre an und halten deftige saisonale Gerichte bereit. Zur Weinlesezeit gibt es auch den Federweißen im Angebot.

20__Der Bauer

Glückliche Kühe sind nicht dumm

Angefangen hat alles mit dem Autarkiebestreben Deutschlands in den 1930er Jahren. Man wollte unabhängig werden von anderen Ländern und fremden Importen. Überall wurden Flächen gerodet, um neues Ackerland zu schaffen.

Der Reichsarbeitsdienst rodete auch ein Stück Land im Hunsrück. In dem von Hecken bestandenen Gelände wurden 160 Hektar in Handarbeit gerodet und darauf Häuser mit Stallungen gebaut. Nach der Ausschreibung kamen Siedler von überall her. Heute sind noch drei Bauern auf der Briedeler Hecke tätig, zwei betreiben reine Ackerwirtschaft, und Hans-Jürgen Sehn ist Milchbauer mit 100 Kühen und 90 Stück Jungvieh.

Dass Kühe nicht so dumm sind, wie von ihnen behauptet wird, beobachtet er schon lange. Steht zum Beispiel ein Gegenstand im Melkstand, der da nicht hingehört, und sei es nur ein vergessener Besen, so gehen die Kühe so lange nicht zu ihren Melkstellen, bis der Gegenstand entfernt ist. Lebhaft wurde ein junges Rind, als es zum ersten Mal in seinem Leben den Stall verlassen und auf eine Weide durfte. Den Stall gewohnt, war es von seiner neuen Umgebung so überrascht, dass es in aller Eile in den nächsten Wald galoppierte und trotz guten Zuredens nicht mehr herauskam. Ein Tierarzt musste das verängstigte Tier Tage später mit einer Armbrust betäuben. Danach war es so durcheinander, dass es nur noch im Stall bleiben wollte.

Es sind heute moderne Bauernhöfe auf der Briedeler Hecke. In einem Energiezentrum werden Gülle und Gras zur Vergärung gebracht. Das entstehende Gas wird gereinigt und treibt einen Generator an, der die Siedlung nun mit Strom und warmem Wasser versorgt. Außerdem lässt ein Unternehmen mit der anfallenden Wärme Holzschnitzel trocknen, das bringt den Bauern eine zusätzliche Einnahme. Das mit dem Autarksein hat auf der Briedeler Hecke also in einigen Bereichen funktioniert.

Adresse Briedeler Heck 8a, 56850 Siedlung Briedeler Heck | **Anfahrt** auf der B 327 bei Hahn abfahren, dann auf die K 52, nach 5 Minuten Fahrt erreicht man die Siedlung, der Hof ist Privatgelände | **Tipp** Das Wandergebiet »Briedeler Schweiz« ist von der Briedeler Hecke aus gut zu erreichen, ebenfalls in der Nähe ist das Wandergebiet um den Altlayer Bach mit seinen Felsformationen.

21 Der Hexenstein

Wer sich ihm nähert, wird verhext

Ein Weg führt von der Siedlung Maiermund zuerst an Äckern vorbei, dann durch einen niedrigen Krüppeleichenwald. Riesengroß soll sie sein, ihre Nase ebenso. Plötzlich taucht sie zwischen Eichenbäumen auf.

Auf einem Bergkamm steht sie, die »Maiermunder Hexe«, zu sehen sind Kopf, Schultern und Rücken, von Moos bedeckt, die Nase eher flach, die Mundwinkel nach unten gezogen, schmollt sie etwa? Ach was, Hexe. Es ist ja nur ein mit Moos überwachsener Quarzstein, mit gelben Schwefelspuren an der Unterseite. Acht Meter ist er hoch, sein Fuß hat einen Durchmesser von etwa 15 Metern. Nach oben hin verjüngt sich der Fels, um oben noch einmal wie ein Kopf etwas in der Breite auseinanderzugehen. In seinen Spalten gedeihen grüne und weiße Flechten.

Die Sage um diesen Stein ist schnell erzählt: Die Dörfer Raversbeuren und Briedel hatten Streit um ein Stück Land. Der Grenzverlauf war nicht genau bekannt und sollte neu bestimmt werden. Da hatte der Briedeler Schöffe eine Idee: Er streute sich Briedeler Boden in seine Stiefel und ritt mit Priester und Advokat zum Treffen der Hunsrücker Bauern. Er stieg vom Pferd und schwor beim Priester auf die Bibel, dass er genau hier noch auf Briedeler Gemarkung stehe, obwohl er wusste, dass das Land den Bauern von Raversbeuren gehörte. Als er den Schwur abgelegt hatte, kam aus der Gruppe der Bauern ein riesiges altes Weib mit einem Kopftuch auf ihn zu und sagte: »Da du einen Meineid geschworen hast, sollst du keine Ruhe mehr finden, du sollst so lange um die Briedeler Gemarkung reiten, bis das unrechte Gut wieder zurückgegeben ist.« Der Schöffe ritt nach Hause, kam aber nie dort an. Als man ihn suchte, fand man an der neuen Grenze einen seltsamen hohen Felsen, der da noch nie gestanden hatte und aussah wie eine Frauengestalt. Da sagten die Leute, das sei die Hexe, die aufpasse, ob der Schöffe auch den richtigen Weg einhalte.

Adresse 56850 Briedel-Maiermund | **Anfahrt** von Kappel von der B 327 auf die L 193 wechseln, nach Raversbeuren fahren, am Wirtschaftsweg beim Friedhof parken und den Wanderschildern »Hex« folgen | **Tipp** Bei einem Spaziergang durch den Ort erreicht man auf der Hauptstraße am Dorfrand einen fotogenen Ziehbrunnen.

22___Balduinseck

Ein Burgberg wird rasiert

Burg Balduinseck ist eine wuchtige, imposante Ruine, deren Mauerstärke 2,5 Meter beträgt. Vier Stockwerke hoch, viele Fenster in den hohen Mauern, einige Erker sind zu erkennen, vier Türme lassen sich eher erahnen. Sie liegt auf einem etwa 25 Meter hohen Bergsporn aus Schiefergestein. Noch steht ein hohes Stahlgerüst an der Ruine, umfangreiche Sanierungsmaßnahmen sind im Gange. Deshalb sind im Innenbereich der Burg keine Ritterrüstungen und Kanonen zu entdecken, sondern Betonmischgeräte und diverses Handwerksgerät. Der letzte Schritt im Rahmen der Sanierung wird der Kahlschlag des Burgberges sein. Alle Burgen, die auf Bergen gebaut waren, hatten weder Büsche noch Bäume um sich herum, Burgberge waren entblößt, man wollte doch früh genug sehen, wer zu Besuch erschien.

Der Burghof ist heute ein idealer Platz zum Picknicken. Die abgeschiedene Lage der Burg – weitab von jedem Trubel und den sonst anwesenden Souvenirständen und Getränkebuden an anderen Burgen – lädt ein zum Nachdenken, Durchatmen und Seele-baumeln-lassen. Dabei hilft einem das Plätschern der zwei Bäche, die unterhalb der Burg zusammenfließen.

Obwohl im Lauf ihrer Geschichte die Besitzer und die Verwalter öfter wechselten, gibt es keine Geschichten um die Burg. Keine Sage, keine überlieferte Anekdote, kein Märchen, und auch von einem Burggespenst ist nichts bekannt. Allein durch ihre Größe, 55 Meter Länge und 20 Meter Breite, hätten hier aber mindestens drei Burggespenster Platz, um sich auszutoben. Sie könnten durch die neun noch sichtbaren Kamine fegen und mit Geheul die Wendeltreppe hinauf- und hinunterpoltern. Im Innern der Burg ist an einigen Stellen des Mauerwerkes in acht Meter Höhe noch der weiße Innenverputz zu sehen, bemalt mit Sprüchen, Herzchen und Graffiti. Das waren bestimmt auch die Gespenster. Denn den Menschen ist das doch zu gefährlich, in schwindelnder Höhe »Maike, I love you« hinzupinseln.

Adresse 56290 Buch | **Anfahrt** bei Kastellaun von der B 327 auf die L 204 Richtung Buch, dann Richtung Mastershausen, im Tal vor der Burg ist eine Parkgelegenheit | **Tipp** In der Gaststätte »Zum Balduinseck«, Hauptstraße 17, gibt es eine Hunsrücker Spezialität, und zwar die mit Hackfleisch gefüllten Kartoffelklöße, die mit Sahnesoße und Apfelkompott serviert werden. Öffnungszeiten Do–Mo ab 18 Uhr, Di, Mi Ruhetag.

23__ Der Ferkelexpress

Hier geht's los oder hört es auf

Auf dem Gleis vor dem Büchenbeurener Bahnhof steht der rote Schienenbus, bereit zur Abfahrt nach Morbach. Fahrkarten gibt's im Zug. Der Boden besteht aus lackierten Brettern, die Sitze sind aus blaugrünem Kunstleder, die Haltegriffe blinken verchromt. Der »rote Brummer«, wie der rot lackierte Zug auch genannt wird, ist gut besetzt mit fröhlichen Menschen, es sind Eltern und Kinder mit Rucksäcken und bahnbegeisterte Fotografen. Der Schaffner und der Zugführer sind das Personal.

Ein vertrautes Dieselmotorenbrummen wird lauter, und der Zug setzt sich in Bewegung. Die Kinder sind begeistert, so nah waren sie einem Lokomotivführer noch nie, sie stehen um ihn herum und schauen genau, welche Hebel und Tasten er bedient. Relativ überschaubar sind die Instrumente. Derweil geht der zweite Mann im Team im schaukelnden Schienenbus, der früher auch scherzhaft »Schüttelexpress« genannt wurde, von Bank zu Bank und kassiert. Draußen fliegt der Hunsrück vorbei, na ja, mit gerade mal 40 Sachen zuckelt er eher vorbei, und das ist schön. Aus den großen Fenstern sieht man in einiger Entfernung den Idarkopf, den mit 700 Metern zweithöchsten Berg im Hunsrück. Windräder drehen sich auf saftig grünen Wiesen, und alle paar Sekunden huscht ein Telegrafenmast mit weißen Porzellanisolatoren vorbei. Ein Andreaskreuz kommt in Sicht, ein Straßenübergang, der rote Brummer hupt zweimal kurz nacheinander, es quietscht eher, ein hoher, durchdringender Ton. Neben den Gleisen stehen Weidenröslein, und zwischen den Schienen wächst Gras, ab und zu streifen Zweige die Fenster des Zuges.

Ein alter Mann hat bis jetzt stillvergnügt die Fahrt genossen. Nun sagt er: »Früher hieß der Zug Ferkelexpress, weil die Bauern die kleinen Schweine unterm Arm nach Bell zum Viehmarkt brachten.« Der Zug hupt noch mal, es quietscht, und das hört sich tatsächlich an, als würde ein kleines Schwein quieken.

Adresse Bahnhofstraße 1, 55491 Büchenbeuren | **Anfahrt** von der B 327 die Abzweigung Flugplatz Hahn nach Büchenbeuren nehmen, im Kreisel die 1. Straße rechts abbiegen | **Öffnungszeiten** Fahrzeiten unter www.hochwaldbahn.de | **Tipp** Im Nachbarort Sohren in der Eckstraße 1 ist im Porzellanhaus Kaefer das ganze Jahr über Weihnachten. Es gibt Krippen, Weihnachtsbäume, kutschenziehende Elche und das ganze Zubehör. Alle Tage wieder (www.porzellanhaus-kaefer.de).

24_ Der Viadukt

Steilste Eisenbahn zum Hunsrück

Während die Aktien in Deutschland mal wieder nach unten gehen, geht es mit der Hunsrückbahn steil bergauf. So steil, dass diese Bahnstrecke in Deutschland als die steilste fahrplanmäßig betriebene Bahnstrecke nördlich der Alpen gilt.

Gebaut wurde sie schon 1906, es war damals eine technische Meisterleistung, denn das Besondere an der Strecke Buchholz – Boppard ist der große Höhenunterschied, den die Hunsrückbahn zu überwinden hat. Früher fuhren hier natürlich Dampflokomotiven, die aber im Lauf der Zeit immer wieder durch modernere Fahrzeuge ersetzt wurden: In den 60er Jahren waren es die roten Schienenbusse, heute verkehren hier neue Diesel-Triebwagen, Regio-Shuttle genannt.

Ab Boppard, mit 76 Metern der tiefste Punkt der Strecke, fährt die Bahn bis Buchholz, mit 404 Metern der höchste Punkt. 8,5 Kilometer lang ist die Strecke, die an einigen Stellen bis zu sechs Prozent Steigung aufweist, es geht durch fünf Tunnel und über zwei Viadukte. Der eindrucksvollste Bau ist der Hubertus-Viadukt. Er ist eine in einer Kurve geführte Brücke mit sechs Öffnungen auf einer Länge von 150 Metern. 50 Meter hoch ist die so genannte Hubertusschlucht-Brücke, damals war sie eine der höchsten Steinbogenbrücken in Deutschland. Die Steine für dieses Bauwerk wurden am Neckar gebrochen. Die Brücke zeigt, dass die Bahnlinie von großer Bedeutung war, denn der Hunsrück war im 19. Jahrhundert gegenüber anderen Regionen ins wirtschaftliche Abseits geraten. Der Bau der Bahnlinie sollte Abhilfe schaffen. Bahnlinien an Flussläufen zu bauen war damals kein großes Problem, schon 1860 fuhren an Rhein und Mosel Züge, aber diese Strecke hier zu bauen erforderte ganze Ingenieurskunst.

Die Strecke Boppard–Emmelshausen ist immer noch in Betrieb, Pendler und Schüler nutzen den Zug, und Touristen erleben hier eine der schönsten Bahnstrecken Deutschlands.

Adresse 56154 Buchholz | **Anfahrt** Gleich neben der B 327 in Buchholz ist der Bahnhof mit den Parkplätzen. | **Tipp** Hier beginnt der Wanderweg zum Viadukt und zu den schönsten Aussichten auf die Bahnstrecke, er führt dann an den Rhein nach Boppard, wieder hoch fährt man mit der Bahn.

25 Die Grube Herrenberg

Ein Fall für den Sicherheitsbeauftragten

An der Stelle, an der das Gelände der Grube beginnt, steht links eine verrostete Lore, rechts ist ein steiler Abhang, voll mit blau glänzendem Schieferabraum. Eintrittskarten für die Besichtigung der ehemaligen Schiefergrube gibt es am Kiosk.

Das Anpassen der gelben Schutzhelme löst bei den Besuchern Heiterkeit aus, die dann aber etwas gedämpft wird, wenn es durch den engen, niedrigen und zugigen Eingang des Bergwerks geht. Nach 50 Metern öffnet sich der Stollen, wird höher und weiter. In diesem Raum steht die lebensgroße Puppe eines Bergarbeiters im blauen Feiertagsanzug, mit silbernen Knöpfen in Zweierreihe und einer Feder am Hut.

Ein kundiger Führer erzählt über die Geschichte der Grube. Stählerne Winden mit groben Zahnrädern und Kurbeln stehen am Rand eines 20 Meter tiefen Lochs. Es ist eine Grube in der Grube, in die eiserne Schienen führen. Ganz unten zwei nur schemenhaft wahrzunehmende Bergleute aus Plastik. Ein beleuchteter, nasser Gang mit glitschigen Wänden führt zur nächsten Station der Führung. Unterwegs immer wieder kurze Schienenstränge, auf denen kleine verrostende Eisenloren stehen. Helle Quarzadern wechseln sich mit graublauem Schiefer ab, an den Decken haben sich helle Stalaktiten gebildet. Auf einer hölzernen Leiter in schwindelnder Höhe steht, nicht gesichert, eine Figur mit einem Bohrer in der Hand, so werden die furchtbaren Arbeitsbedingungen der damaligen Zeit anschaulich dargestellt. Enge Stollen sind in die Wände getrieben, für Erwachsene zu klein, wurden Kinder zum Arbeiten hineingeschickt. Die Sicherheitsstandards waren minimal, es gab oft Unfälle, und an Folgeerkrankungen wie der Silikose, so erklärt der Führer, starben viele Bergleute.

Zum Schluss sein Hinweis in eigener Sache: In der Schenke gibt es eine deftige »Layenbrecherplatte« und zum Aufwärmen einen hochprozentigen Berggeist.

Adresse 55626 Bundenbach | **Anfahrt** von der E 42 in Büchenbeuren auf die L 192 abbiegen, durch Rhaunen bis Bundenbach, im Ort ausgeschildert | **Öffnungszeiten** April–Okt. Mo–So 10–13 Uhr und 14–17 Uhr | **Tipp** Eine Wanderung von hier ins Hahnenbachtal führt zur größten Burgruine im Hunsrück, der Schmidtburg. Auch hier soll sich der Schinderhannes versteckt haben.

26_ Die Kelten

Waren es tatsächlich Analphabeten?

Asterix und Obelix müssen ganz in der Nähe sein. Man spürt es, wenn man vor dem Palisadenwall des kleinen keltischen Dorfes steht. Wenn jetzt noch ein kleiner weißer Hund aus dem Eingang …

Auf dem einen Hektar großen Bergplateau nahe Bundenbach liegt die nachgebaute Keltensiedlung Altburg. Dieses einzigartige frühgeschichtliche Freilichtmuseum konnte deswegen so gut restauriert werden, weil im weichen Schiefergestein Gräben und 3.000 Löcher der Holzpfosten von Häusern und Palisaden bei den Ausgrabungen sichtbar wurden.

Ein Holzzaun mit spitzen Pfählen umgibt das ganze Gelände, die Häuser sind 30 bis 40 Zentimeter dick mit Stroh gedeckt. Sie stehen auf dicken Holzstämmen. In der Mitte der Anlage befindet sich zwischen den Hütten eine große Feuerstelle, es fehlt nur der große Topf darüber, in dem der Druide Miraculix seinen Zaubertrank anrührt. Leider hat er das Rezept nicht aufgeschrieben, und das ist typisch keltisch. Das Druidenwissen wurde nur mündlich weitergegeben. Im Innern einer strohgedeckten Hütte sind Wohn- und Arbeitsräume zu sehen, beim Blick an die Decke erkennt man, wie mit Seilen und Schnüren das Stroh auf den Holzbalken befestigt wurde.

Von März bis Oktober werden Führungen durch das Freilichtmuseum angeboten, und man erhält Einblicke in die Geschichte der Anlage. In einem der großen Häuser, hier wird wohl Majestix residiert haben, stehen Schaukästen mit Funden aus der La-Tène-Zeit vom 5. bis 1. Jahrhundert vor Christus. Man kann kunstvoll gearbeitete Schmuckstücke aus Stein und Metall, Fibeln aus Eisen und Gebrauchsgegenstände wie Schüsseln aus gebranntem Ton, geflochtene Weidenkörbe und Trinkgefäße sehen.

Dass die Kelten schon gute Werkzeuge besaßen, zeigt eindrucksvoll ein nachgebauter Webstuhl. Beim Rausgehen schaut man in die umstehenden Bäume, wo hängt eigentlich der Barde Troubadix?

Adresse 55626 Bundenbach | **Anfahrt** von der E 42 in Büchenbeuren auf die L 192 abbiegen Richtung Rhaunen, in Bundenbach den Schildern folgen | **Öffnungszeiten** April–Okt. Mo–So 10–13 Uhr und 14–17 Uhr | **Tipp** Einmal im Jahr findet auf dem Gelände des Keltenmuseums ein Festival mit keltischer Musik und Kostümen statt (www.altburgfestival.de).

27 — Der Schiefer

Klang der Steine

Das Betriebsgelände der Firma Theis und Böger steht voll mit Holzpaletten, beladen mit gespaltenen Schieferplatten. Am Eingang sind Modelle von Dächern aufgestellt. Hier wird beispielhaft gezeigt, was man mit Schiefer alles machen kann. Einige Beispiele faszinieren, denn man glaubt Bögen und Rundungen zu erkennen, die eigentlich mit diesem eckigen Material gar nicht möglich sind. Gabelstapler wirbeln hellgrauen Staub auf und fahren Paletten mit zugeschnittenen Schieferplatten über den Betriebshof. Aus den Zurichträumen dringt kreischender Sägelärm.

Hier, im Werk Bundenbach, werden die in der Grube Altlay (siehe Seite 14) gebrochenen, großen Schieferblöcke mit Lastwagen angeliefert. Im ersten Arbeitsgang werden die unterschiedlich großen Blöcke mit einer Diamantsäge in verschnittfreie Stücke zersägt. Diese werden in Wasser gelegt, um die Spaltbarkeit zu verbessern. Der Spaltvorgang wird noch von Hand, aber zur Arbeitserleichterung mit einem Pressluftmeißel durchgeführt. Wenn der Schieferblock in mehrere dünne Platten gespalten ist, passiert etwas Merkwürdiges: Der Spalter »tont« die Platte, das heißt, er klopft kurz auf die fertige Platte. Ertönt ein heller, trockener Ton, kommt sie auf den großen Haufen, in Ordnung. Ist aber etwas faul, ertönt ein dumpfer Ton, ist sie unbrauchbar. Der Zurichter besorgt nun den letzten Arbeitsgang, er schneidet die Platten so zu, dass sie verlegt werden können. Er will – im Gegensatz zum Spalter – nichts hören, gegen den kreischenden Lärm, der beim Zuschneiden entsteht, hat er Ohrstöpsel im Gehörgang und darüber noch Kopfhörer. Er richtet die Platten für die verschiedenen Deckungen zu, zum Beispiel für die Deutsche Deckung, die Schuppen- oder Spitzwinkeldeckung.

Wenn der Dachdecker die Schieferplatten in die Hand nimmt, um sie aufs Dach zu nageln, ist sein wichtigstes Arbeitsgerät sein Ohr. Auch er »tont« die Platte und hört ihn, den Klang des Schiefers.

Adresse 55626 Bundenbach | **Anfahrt** von der E 42 kommend in Büchenbeuren auf die L 192 abbiegen, durch Rhaunen und durch Bundenbach fahren, in den Serpentinen nach Bundenbach den Hinweisschildern zum Betrieb folgen | **Öffnungszeiten** Besichtigung nach Anmeldung unter Tel. 06544/99790 | **Tipp** Von Bundenbach aus gelangt man auf die Traumschleife »Hahnenbachtaltour«, 2012 als schönster Wanderweg ausgewiesen.

28___Der Erbeskopf

In Rheinland-Pfalz ganz oben

Die Sehne des Bogens schnellt zurück, der Pfeil saust durch die Luft und trifft mit ungeheurer Wucht ein Wildschwein, das auf einer Waldlichtung am Erbeskopf steht und schon mehrere Pfeile in der Flanke stecken hat. Das 3-D-Schwein ist aus Plastik und dient den Bogenschützen als Ziel bei einem Wettbewerb im Holzbogen-schießen. Doch das ist nicht alles am höchsten Berg von Rhein-land-Pfalz. Auf einem Sinnenweg hört man das Gras wachsen und findet sein Gleichgewicht wieder, man fühlt und riecht den Wald, man kann im Trüben fischen. Wo im Winter Ski gelaufen und ge-wedelt wird, rodelt man im Sommer auf der Sommerrodelbahn. Auf 1.300 Metern Länge, über 40 Stundenkilometer schnell geht es auf der kurvigen Bahn den Abhang hinunter. Im Waldseilgarten schwankt man in schwindelnder Höhe über Seile und schmale Bret-ter, die an Seilen hängen. Still ist es hier, obwohl viele Jugendliche in den Bäumen unterwegs sind. Konzentration und Fokussierung auf das nächste Hindernis zwingen zur Ruhe, nur beim letzten Akt, der langen, steilen Schussfahrt am Seil hinunter, ist schrilles Adre-nalingejubel zu hören.

Bekannt ist der Erbeskopf als Wintersportgebiet. Wer heiß auf Weiß ist, muss hierhin. Wenn auf dem 818 Meter hohen Berg Schnee liegt, findet man auf dem großen Parkgelände nur schlecht einen Platz, an den Nummernschildern sieht man, dass das Saarland heu-te recht leer sein muss.

Ganz oben auf dem Gipfel hat der Berg eine Glatze, früher stan-den hier militärische Gebäude, sie wurden bis auf eine Wetter- und Radarstation mit ihrer runden weißen Kuppel abgerissen und sind zu kahlen Asphaltflächen geworden.

Sehr eindrucksvoll am Nordhang ist die begehbare Gipfelskulp-tur »Windklang«, an der tatsächlich bei einer starken Brise und bei Sturm ein Windsong zu hören ist. Der Erbeskopf, ein spannender Berg, in Rheinland-Pfalz ganz oben.

Adresse Am Erbeskopf, 54411 Deuselbach | **Anfahrt** in Morbach von der B 327 auf die B 269, nach 6 Kilometern abbiegen auf die L 164, Parkplätze am Hunsrückhaus | **Tipp** Die Gulaschsuppe im Bistro des Hunsrückhauses am Erbeskopf ist bemerkenswert. Es wird nur Fleisch von einheimischen Tieren verwendet, und das schmeckt man. Öffnungszeiten April–Okt. Di–So 11–19 Uhr; Nov.–März Di–So 11–16 Uhr.

29__Die Ausoniusstraße

Wanderweg der Römer

Von Mainz bis nach Bingen am Rhein, dann über den Hunsrück bis nach Trier führte die Ausoniusstraße, ein römisches Bauwerk. Beschrieben wurde sie – und auch der Hunsrück – von Ausonius, und zwar in seinem Gedicht »Mosella«. Er war ein römischer Dichter, als Staatsbeamter bereiste er die Gegend zwischen 365 und 368 nach Christus.

Die meistens gerade verlaufende Straße war von römischen Siedlungen gesäumt und teilweise sogar zweispurig ausgebaut. Der Aufbau römischer Straßen war immer gleich, sie unterschieden sich nur durch die regionalen Baumaterialien. Gaius Julius Caesar mochte es, wenn die Straßen gepflastert waren, so war es zum ersten Mal möglich, Truppen in großer Zahl und vor allen Dingen schnell von einem Ort zum anderen zu schicken. Das Marschieren und Transportieren war auf diesen befestigten Straßen einfacher als auf den Naturwegen der Germanen und Kelten.

Heute führt der »Ausonius-Wanderweg« auf den Spuren der Römer von Bingen nach Trier. Oberhalb des Ortes Dill ist ein Teil der Römerstraße wiederhergestellt worden, und man kann ein Stück auf den groben Steinen wandern. Mitten im Ort beginnt der Aufstieg zur Burg, und schon von Weitem sieht man den römischen Wachtturm oben auf einem Hügel. Auf einer Hinweistafel steht, dass solche Türme früher nicht an der Ausoniusstraße gestanden haben und dass dieser Turm ganz profan im Rahmen einer Arbeitsbeschaffungsmaßnahme errichtet worden sei. Im Innern befindet sich eine steile Holztreppe, und vom umlaufenden Sims kann man weit in den Hunsrück und auf den unterhalb liegenden Ort Dill und seine Burgruine schauen, die nur von außen besichtigt werden kann.

An der Außenseite der Nordmauer befindet sich ein Aborterker, hier wurde manch wichtige Sitzung abgehalten. Auf dem Weg nach unten ein bunter Wegweiser: Auf einem Schild geht es nach »Schönborn«, und auf einem Brett geht's zum »Rest der Welt«.

Adresse 55487 Dill | **Anfahrt** von der E 42 bei Niedersohren auf die K 2 abbiegen, nach einem Kilometer taucht der Turm links auf, parken auf einem Wirtschaftsweg | **Tipp** Die Einkehr in der »Schatulle«, einem Restaurant im Nachbarort Laufersweiler (Provinzial-straße 6), lohnt sich wegen der Spezialitätenküche. Öffnungszeiten Mo−Sa ab 17 Uhr, So, Feiertage ab 11 Uhr, Di Ruhetag.

30__ Die Waldeck

Singe, wem Gesang gegeben

Vom Parkplatz aus geht es einige Meter zu Fuß auf eine große Wiese zu. Hier hat alles wieder angefangen. Deutschland war nach 1945 ein Volk ohne Lieder geworden, Franz Josef Degenhardt hat es in seinem Chanson »Tot sind unsre Lieder« so formuliert: »Lehrer haben sie zerbissen, Kurzbehoste sie verklampft, braune Horden tot geschrien, Stiefel in den Dreck gestampft.«

Es gab nur wenige Orte, an denen gesungen wurde, die Waldeck im Hunsrück gehörte dazu. Hier entstanden – als Gegenbewegung zur seichten Schlagerschnulze – neue Liedformen: trotzig und satirisch, anarchistisch und politisch. Jeder, der später einmal einen Namen als Liedermacher hatte, war hier gewesen und hatte gesungen: Hannes Wader, Hanns Dieter Hüsch, Reinhard Mey, Dieter Süverkrüp, die pfälzischen Sangesbrüder Hein und Oss Kröher und Peter Rohland. Ihre Lieder im neuen Stil entfalteten eine explosive Kraft und kündeten schon vor 1968 davon, dass in dieser muffigen Republik politisch und gesellschaftlich einiges im Argen lag. Auch jiddische Folklore und demokratische Volkslieder wurden auf der Waldeck wiederentdeckt und neu interpretiert. Von hier aus begann das politische Lied seinen Siegeszug durch die Republik.

Die Arbeitsgemeinschaft der Burg Waldeck hat hier ihr Zuhause. Sie unterhält als gemeinnütziger Verein eine Jugend-, Freizeit- und Bildungsstätte. Die Gebäude, die auf dem Gelände stehen, dienen als Seminarräume für viele Anlässe. Ein ausrangierter blau gestrichener Linienbus mit einem roten Vorzelt gibt dem Platz einen interessanten Farbtupfer. Auf der abschüssigen Wiese wurde eine überdachte Bühne errichtet, vor der man wie in einem Amphitheater sitzt.

Konzerte hat es viele gegeben. 1964 wurde ein internationales Chanson-Folklore-Festival durchgeführt, es war das erste Open-Air-Festival Deutschlands und ging als das »Woodstock des Hunsrücks« in die Geschichte der Waldeck ein.

Adresse Burg Waldeck 1, 56290 Dommershausen-Dorweiler | **Anfahrt** in Gödenroth von der B 327 auf die K 35 abbiegen, in Beltheim auf die L 205, in Dorweiler der Beschilderung zur Waldeck folgen | **Tipp** Bei einer Wanderung über die Traumschleife »Baybachklamm« ist unbedingt festes Schuhwerk und Trittsicherheit nötig (www.hunsruecktouristik.de).

31_ Der Knochenflicker

Durch das Piesacken wird man wieder heile

Fast jedem Menschen ist es schon mal passiert. Man bückt sich, um eine Kleinigkeit aufzuheben, oder man dreht sich zur Seite, um etwas von A nach B zu bewegen, und dann knackt es. Es knackt sehr unangenehm oder schießt plötzlich schmerzhaft in den Rücken. Manche erwischt es an der Halswirbelsäule, da knirscht es mehr, als dass es knackt. Man steht da, wie zu einer Salzsäule erstarrt, kann sich nicht mehr vor und zurück bewegen. Dann schießt einem noch schlagartig die Erkenntnis durch den Kopf: Hexenschuss. Und dass man übermorgen in den Urlaub nach Spanien fahren will. Und wenn man im Hunsrück wohnt, kommt im nächsten Moment auch gleich eine gewisse Erleichterung. Der Pies wird es wieder richten.

Der Name Pies und der Begriff Knochenflicker gehören im Hunsrück zusammen, besonders in Emmelshausen. Das erste Haus in Emmelshausen war der Bahnhof, und rund um den Bahnhof entstand die neue Siedlung. Das zweite Gebäude wurde 1908 von Gastwirt Peter Pies errichtet und war Station für Post- und Personenkutschen. Seine Familie gehörte seit Generationen zu den Menschen, die das Handwerk des Knochenflickens verstanden. In einem Nebenzimmer des Gasthauses behandelte er ausgerenkte, verdrehte und gebrochene Knochen. Während der Behandlung wurde der neueste Klatsch und Tratsch vom Hunsrück ausgetauscht, so war das Behandlungszimmer auch eine Nachrichtenbörse.

Der Stammvater der Hunsrücker Knochenflicker war wohl der 1666 in Mannebach gestorbene Dietrich Pies, somit kann er als Begründer der Chiropraktik genannt werden. Deshalb hat man den Knochenflickern vor dem Hotel Waldfrieden in Emmelshausen ein schönes Denkmal gesetzt. Da stehen der Knochenflicker Pies und sein kleiner Patient. Der Junge scheint zu sagen: »Mir tut's da weh, aber gell, das kriegst du wieder hin?« Die Chiropraktiker mögen Müller oder Schmitz heißen, aber im Hunsrück geht man zum »Pies«.

Adresse Bopparder Straße 12a, 56281 Emmelshausen | **Anfahrt** B 327 bis zum Kreisel, hinter dem »Zentrum am Park« gibt es kostenlose Parkplätze | **Tipp** Im Zentrum am Park (ZAP), Rhein-Mosel-Straße 45, findet das ganze Jahr über eine Fülle von kulturellen Veranstaltungen statt, darunter Kleinkunst, Lesungen, Theateraufführungen und Konzerte aller Art (www.das-zap.de).

32_ Die Fossilien

Versteinert, trotzdem erzählen sie viel

Schinderhannes bartelsi ist etwa zehn Zentimeter lang, sein Körper ist in zwölf Segmente geteilt, und er hat einen Darm, wie man ihn typischerweise bei Räubern findet. Er hat stachelige, Greifern ähnliche Anhängsel und große Stielaugen. Seine Entdeckung war eine kleine Sensation, denn zuvor waren ähnliche Fossilien nur aus kambrischen Fossillagerstätten bekannt, die etwa 100 Millionen Jahre älter sind als der Hunsrückschiefer. Schinderhannes bartelsi gehört zu den Anomalocariden, den »ungewöhnlichen Garnelen«, er ist das bisher einzige Exemplar, das im Hunsrückschiefer gefunden wurde. »Schinderhannes« wird er genannt, weil er zwei Greifer hat, mit denen er seine Beute packen kann. Der zweite Teil des Namens, »bartelsi«, verweist auf Dr. Christoph Bartels, Experte für Fossilien im Hunsrückschiefer, und er hat das Tier entdeckt. So weit die Wissenschaft.

Gefunden wurde das Fossil in der Kaisergrube in Gemünden. Sie ist heute geschlossen. Gemünden wird gern als die »Perle des Hunsrücks« bezeichnet, zu Recht. Überragend sind auch die anderen Fossilienfunde rund um den Ort. Vor 400 Millionen Jahren wogte hier das devonische Meer, in ihm schwammen räuberische Panzerfische, Arm- und Kopffüßler waren unterwegs, Seesterne und Seelilien fühlten sich wohl. Dann zog sich das Meer zurück, und die Tiere blieben im Sediment zurück. Durch gewaltigen Druck entstanden im Lauf von Millionen Jahren die Versteinerungen. Heute zählt man 270 fossile Tier- und Pflanzenarten aus dieser Erdepoche, somit ist der Hunsrück eine der bedeutendsten fossilen Lagerstätten der ganzen Welt.

Steinalt sind sie, ausgestorben, und trotzdem haben sie viel zu erzählen. Und wer weiß? Vielleicht liegt ja noch der ein oder andere Schinderhannes auf den mit Schiefer gedeckten Dächern des Hunsrücks oder wird auf verlegten Schieferböden mit Füßen getreten.

Adresse 55490 Gemünden | **Anfahrt** von Simmern auf der L 162 nach Gemünden, Parkplatz am Mühlenweg | **Tipp** Ein Rundgang durch den sehenswerten Ortskern mit Fachwerk-häusern und einem Wasserfall ist empfehlenswert, an der Ecke Mühlenweg / Simmertal-straße ist ein origineller Edelstein- und Fossilienladen, das Schloss kann man leider nur von außen besichtigen.

33 __ Der Golfplatz

Putten zwischen Barriquefässern

Herr Flaig aus Freudenstadt ist sozusagen auf einem Golfplatz groß geworden, er hat als junger Kerl, um sich Geld zu verdienen, als Caddie auf einem Golfplatz reichen Leuten die Tasche mit den Golfschlägern hinterhergezogen. Der Club war so nobel, dass der junge Flaig das Gelände nur über den Hintereingang betreten durfte.

Vielleicht hat ihn das ja geärgert, heute besitzt er auf jeden Fall einen eigenen Golfplatz. Als Gastronom hat er sich hier im Hunsrück niedergelassen, er betreibt die Gaststätte und das Hotel »Zur Post«. Und er hat eben einen Golfplatz. Es ist ein 3.500 Quadratmeter großes Gelände hinter der Gaststätte.

Die Anlage besteht seit drei Jahren, Herr Flaig und sein Sohn haben den Golfplatz selbst entworfen und beim Bau darauf geachtet, dass alles so gebaut wurde, wie sie sich das ausgedacht hatten. 18 rote Fahnen wehen über den Bahnen, und auf jeder Bahn steht ein Weinfass aus Holz. Die Fässer dienen als Ablage für den Schreibblock und die mitgeführten Getränke.

Dieser Golfplatz ist anders. Er ist weder ein Minigolf- noch ein richtig großer Platz. Er ist ein normaler Golfplatz, nur eben in Miniaturausgabe. Hier gibt es − wie bei einem richtigen Golfplatz − Hindernisse wie Mulden, Felsen, Hügel und Wassertümpel. Es ist alles vorhanden, nur kleiner, die Ausrüstung ist dieselbe, die Regeln sind bis auf kleine Änderungen so wie beim großen Golf. Jeder Spieler sucht sich seine ideale Abschlagsposition, 18 Bahnen werden gespielt, die Bahnen sind mit Roughs und Semiroughs durchsetzt und sorgen durch die verschiedenen Oberflächenstrukturen für Ballrolleigenschaften wie beim richtigen Rasengolf.

Deshalb kommen hier auch diejenigen Spieler vorbei, die sonst auf großen Plätzen spielen, hier können sie preiswert das Einputten üben. Viele Familien mit Kindern, aber auch Stammspieler besuchen die Anlage und haben auf dem kleinen Golfplatz einen Riesenspaß.

Adresse Rhein-Mosel-Straße 33, 56283 Gondershausen | **Anfahrt** im Kreisverkehr Emmelshausen in Richtung Brodenbach auf die L 206, im Ort beim Hotel »Zur Post« gibt es Parkplätze hinter dem Haus | **Öffnungszeiten** Gespielt werden kann zu jeder Jahreszeit. | **Tipp** Im Restaurant »Waldfriede«, als zweites Haus 1908 in Emmelshausen von Peter Pies, dem Knochenflicker, gebaut, gibt es Hunsrücker Spezialitäten.

34___Die Schmausemühle

Futterstelle im »Grand Canyon«

Ein Wanderweg führt von Schloss Reifenthal an der Hunsrückhöhenstraße bis nach Burgen an die Mosel. Festes Schuhwerk ist un-
bedingt erforderlich; trittsicher und schwindelfrei sollte man auch
sein. Außerdem braucht man eine gute körperliche Kondition für
den »Grand Canyon« des Hunsrücks, denn man klettert über Fels-
rippen, steigt über glitschige Schiefersteine, und da, wo aus der
Schlucht eine Klamm wird, hangelt man sich an im Gestein ange-
brachten Seilen durch die Felsformation. Am Bachlauf standen früher einmal 26 Mühlen. Es waren unterschiedliche Mühlen: Ölmüh-
len, Sägemühlen, Getreide- und Wollmühlen, aber alle wurden durch
die Wasserkraft des Baybachs angetrieben. Nicht alle Mühlen sind
erhalten, nur einige, die heute als Ferien- oder Wochenendhaus dienen.

Eine Mühle ist aber auch ein begehrtes Ziel für viele hungrige
und durstige Wanderer, denn wie schon Johann Nestroy wusste: »Die
Natur is mit die Wirtshäuser innig im Bund, denn der Mensch, der
muss einkehr'n, wenn er geht drei, vier Stund.« Die Schmausemühle ist eine ehemalige Kornmühle, sie hat eine lange Geschichte. Mit
Schmausen im Sinne von gut essen und trinken hat der Name der
Mühle nichts zu tun, sie wurde durch einen ihrer Besitzer, den Müller Schmaus, zur Schmausemühle.

Mit Kuh- und Pferdegespannen wurde früher das Getreide aus
dem Hunsrück an die Mühle gebracht und gemahlen. 1926 musste
der Mühlenbetrieb wegen Unrentabilität schließen. Die Mühle wurde umgebaut, als Ausflugslokal und Herberge für Naturliebhaber.
Hinter dem Haus sind mehrere Teiche, in denen es vor Forellen nur
so wimmelt. Das klare Wasser des Baybachs füllt die Teiche, und so
frisch wie hier bekommt man selten einen Fisch auf den Teller. Vom
Fang bis an den Tisch dauert es höchstens 20 Minuten. Das selbst
gebackene Brot aus dem alten Steinbackofen am Haus sollte man un-
bedingt probieren.

Adresse 56283 Gondershausen | **Anfahrt** im Kreisverkehr Emmelshausen in Richtung Brodenbach die L 206 nehmen, in Gondershausen der Beschilderung »Schmausemühle« folgen | **Öffnungszeiten** durchgehend von Nov.–Jan. Mo, Di Ruhetag; März–Mai Di Ruhetag | **Tipp** Vom Parkplatz am Stadtpark in Emmelshausen aus kann man eine Wanderung zum Sauerbrunnen, dem »Heilbrünnchen«, in den Nachbarort Schwall machen.

35___Der Bauernbrutzler

Hier frönt man der Fleischeslust

Die rosa Sau scheint zufrieden zu sein. Ihr Rüssel scheint etwas Angenehmes zu schnuppern. Ihre Vorderfüße liegen locker auf dem Hinweisschild an einem Haus in Gösenroth, auf dem steht: »Bauer Beelitz, einfach ›sau‹gute Wurst!« Gut, dass die Sau nicht lesen kann, denn sonst wüsste sie, was ihr beim Bauern Beelitz blüht: Aus ihr wird Leberwurst, Blutwurst, Schwartenmagen, Saumagen, Eisbein und Schwenksteak. Die Wurst und das Fleisch werden direkt ab Hof verkauft, in Dosen und in Gläsern.

Doch der Hof von Bauer Beelitz ist kein normaler Bauernhof, die Landwirtschaft hat man aufgegeben. Manche Bauern feiern einmal im Jahr ein Hoffest, den Hof von Bauer Beelitz könnte man ohne Übertreibung einen »Festhof« nennen. Ganzjährig wird hier jeden Donnerstag und Samstag gegrillt. Neben einem Holzblockhaus, das 80 Personen fasst, sind zwei überdachte Grillstellen fest installiert, die das Herz jeder fleischlichen Festivität sind. Hier werden Fachgespräche über Fleisch und Feuer geführt, es wird geschoben, gedreht und gewendet. Gegenüber befindet sich der baumbestandene Biergarten, der noch einmal 100 Personen fasst.

Angefangen hat es ganz klein: Fünf Männer hatten an einem Donnerstag vor 20 Jahren am Stammtisch die Idee, eine Grillhütte für schlechtes Wetter zu bauen. Viele Neugierige schauten vorbei, blieben, kamen wieder, sagten es weiter, und irgendwann war Familie Beelitz dem Ansturm nicht mehr gewachsen. Die Blockhütte wurde gebaut, eine Konzession eingeholt und regionale Gerichte angeboten. Dann kamen immer mehr Gruppen. Schnell war die Idee geboren, rund ums Grillen ein Rahmenprogramm anzubieten: Die »Bauernolympiade« wurde der Knaller, mit Gummistiefelweitwurf, Schubkarrenrennen und Wettmelken, um nur einige der Disziplinen zu nennen.

Und die arme Sau? Sie wird, in Einzelteile zerlegt, über Buchenholz geschwenkt, bis sie »saugut« schmeckt.

Adresse Hauptstraße 8, 55624 Gösenroth | **Anfahrt** von der E 42 abbiegen auf die L 182, durch Laufersweiler fahren, der nächste Ort ist Gösenroth | **Öffnungszeiten** Grillabend Do, Sa ab 18 Uhr | **Tipp** Nicht nur Fleisch, sondern auch Mehl aus kontrolliertem und biologischem Anbau wird im Hofladen der Getreidemühle Lorenz in Weitersbach verkauft (www.muehle-lorenz.mengerschied.de).

36__Die Schanzen
Erdbewegungen: früher und heute

Die Hunsrückhöhenstraße wurde in der Rekordzeit von 100 Tagen als militärstrategisch wichtige Straße in den Jahren 1938 und 1939 von Koblenz bis nach Saarburg gebaut. Wieder steht ein ehrgeiziges Straßenprojekt an, das den Hunsrück mit der weiten Welt verbinden soll: die Autobahn, die, aus den Niederlanden und Belgien kommend, über den Hunsrück nach Frankfurt führen soll. Um die Eifel mit dem Hunsrück zu verbinden, muss eine Brücke gebaut werden, der sogenannte »Hochmoselübergang«. Er wird mit 140 Meter Höhe und 1,8 Kilometer Länge ein gewaltiges Bauwerk werden.

Da, wo die Brücke zu Ende ist und die Straße weiter in den Hunsrück führen soll, wurde 1794 schon einmal ein gewaltiges Bauwerk errichtet. Es handelt sich um die »Graacher Schanzen«, die als militärische Maßnahme von den Preußen gegen die anrückenden Franzosen gebaut wurden. Hindernisgräben, befestigte Wälle, Kanonenstellungen, alles wurde mit Hilfe von zwangsrekrutierten Bewohnern der umliegenden Dörfer gebaut. Die Fronarbeiter mussten Hacke und Schaufel mitbringen und sogar ihr Vieh als Arbeitstiere für den Schanzenbau beisteuern. Als die übermächtigen Franzosen anrückten, zogen sich die Preußen zurück und ließen die Schanzen unvollendet. Die Franzosen bauten sie weiter aus, da sie ein Zurückdrängen der Preußen erwarteten. Doch dann wurde im Jahr 1796 ein Friedensvertrag unterzeichnet und der Bau an den Schanzen eingestellt.

Von dem seltenen militärischen Bauwerk aus ist nie ein Schuss gefallen. Beeindruckend zeigen die Schanzen ein Stück Kriegsarchitektur der damaligen Zeit. Wie auf einem Deich führt ein Wanderweg über die Schanzen. Da, wo die neue Straße vom Hochmoselübergang aus weiter in den Hunsrück führt, hat man die Straßenführung mitten durch die alten Schanzen gefräst, sie waren im Weg. Was Franzosen und Preußen nicht schafften, Bagger und Planierraupen brauchten keine ganze Woche dazu.

Adresse 54470 Graach | **Anfahrt** von Bernkastel-Kues nach Graach auf der B 53, in Graach zum Ortsteil Graacher Schäferei, Wanderweg zu den Schanzen ist ausgeschildert | **Tipp** Das Geburtshaus des Nikolaus von Kues in Bernkastel-Kues in der Cusanusstraße 2 ist nicht nur architektonisch interessant, es beherbergt auch eine Dokumentation der Lebensstationen des großen Philosophen, Mystikers und Kardinals (www.cusanus.de).

37__Romika

Die Pantoffelhelden aus dem Ruwertal

»Haribo macht Kinder froh, und Erwachs'ne ebenso!« Wer ist denn eigentlich der Herr Haribo, der alle Menschen froh macht? Haribo ist eine Abkürzung und bedeutet: Hans Riegel, Bonn. »Adidas« macht dagegen Sportler froh: Seit 1954 ist es ein weltweiter Begriff für Fußballschuhe. Dahinter steht der Name Adi Dassler. Und der Name »Romika« setzt sich aus drei verschiedenen Namen zusammen: Hans Rollmann, Carl Michael und Karl Kaufmann.

Auf der Suche nach einem geeigneten Standort für eine Schuhfabrik stießen die drei Kaufleute auf die leer stehenden Gebäude einer Erzwäsche im Tal der Ruwer bei Trier. Der jüdische Schuhfabrikant Hans Rollmann gründete mit seinem jüdischen Kompagnon Karl Kaufmann und dem christlichen Partner Carl Michael die Romika-Schuh-Werke. Die Fabrik erlebte von 1927 bis 1931 einen großen Aufschwung. Als aber die Geschäftsbriefe mit »Heil Hitler« unterschrieben werden mussten, ging es mit der Fabrik bergab. Es wurden zwar nur noch NSDAP-Mitglieder eingestellt, dennoch gab es keine staatlichen Aufträge mehr, und die Beschaffung von Rohmaterialien wurde erschwert. Finanzbehörden ordneten Betriebsüberprüfungen für die vergangenen Jahre an, und durch hohe Steuernachforderungen ging der Gewinn des Unternehmens zurück. 1935 emigrierten die jüdischen Unternehmer. Ein Konkursverfahren wurde eröffnet und das übrig gebliebene Vermögen vom nationalsozialistischen Staat eingezogen, um die hohen Schulden zu begleichen, die die jüdischen Besitzer angeblich hinterlassen hatten.

1945 wurde das Werk durch Bomben zerstört, doch ab 1950 ist Romika wieder da und am Wirtschaftswunder Deutschland beteiligt. Doch der Standort im Ruwertal wird bald aufgegeben. Heute steht man vor einem architektonisch interessanten Gebäude im Bauhausstil, nur dass es mittlerweile eine Ruine ist, viele Fensterscheiben sind zerbrochen und die Rahmen verrostet.

Adresse Romikastraße, 54317 Gusterath-Tal | **Anfahrt** von der B 407 in Kell am See auf die L 143, über Pluwig nach Gusterath | **Tipp** Mitten im Schwarzwälder Hochwald liegt der Luftkurort Kell. Am aufgestauten Keller See lohnt der Rundwanderweg. Angeln und Bootfahren sind ebenfalls möglich (www.kellamsee.de).

38 Die Simultankirche
Eine für alle

Es ist eine kleine Kirche mit einer wuchtigen, schiefergedeckten Turmhaube. Schießschartenartige, schmale Fenster hat der Turm, er erinnert an Fluchttürme, in denen man früher Schutz gesucht hat. Dass er zwischen 1350 und 1370 nach Christus gebaut wurde, lässt sich anhand der dendrologischen Bestimmung der Holzbalkendecke nachweisen. Dicke, alte Eichenbäume stehen auf dem Friedhof. Von einer Steinmauer umgeben, ist er ein in sich geschlossenes Ensemble, das Ruhe ausstrahlt.

Nicht nur der Platz, auf dem die Kirche steht, ist etwas Besonderes, auch die Kirche selbst. Gleichzeitig – wie man das Wort »simultan« übersetzt – werden hier aber keine evangelischen und katholischen Gottesdienste gefeiert, sondern immer schön nacheinander. Noch sind die ökumenischen Bestrebungen beider Konfessionen nicht so weit fortgeschritten.

In vielen Hunsrücker Gemeinden wurden nach der Reformation Simultankirchen errichtet, viele von ihnen wurden aber später wieder aufgehoben. Die Konfession, die im Ort die Mehrheit hatte, bezahlte die kleinere aus, und Letztere erhielt dadurch die Mittel, sich eine eigene Kirche zu bauen. Da man im Ort Hahn keine Notwendigkeit sah, eine zweite Kirche im Ort zu errichten, beließ man es bei dieser idyllisch gelegenen, heute unter Denkmalschutz stehenden Simultankirche.

Dass im Tod alle Menschen gleich sind, ist mittlerweile bekannt. Auf dem Hahner Friedhof hat man diese Erkenntnis schon lange umgesetzt: Hier liegen, wie gerade gestorben, evangelische und katholische Christen friedlich nebeneinander. Die Gläubigen beider Religionen teilen sich auch brüderlich die Instandhaltungskosten der Kirche sowie Strom und Wasser und die Kosten für den Friedhof. Am Eingang der Kirche steht auf einer Informationstafel eine Stelle des Johannesevangeliums: »Damit sie alle eins seien.« Joh. 17, 21. Ein wirklich friedlicher Ort.

Adresse An der Gass, 56850 Hahn | **Anfahrt** von der B 327 Abfahrt Hahn, im Dorf ausgeschildert | **Tipp** Von hier aus führt ein Rundwanderweg an ehemaligen Schieferstollen vorbei zur »Altlayer Schweiz« mit eindrucksvollen Felsformationen.

39__Das Spielzeugmuseum
Der digitalfreie Raum

Von »Dezembär« bis zum »Oktobär« sollte die Sonderausstellung Teddybären im Spielzeugmuseum Hasselbach laufen, und Familie Schmidtmeier hatte sich als Aushängeschild einen großen Teddybären mit Nikolauskostüm als Werbeträger auf die Straße vor das Museum gestellt. Das war Heiligabend. Am nächsten Tag war der Teddy weg, entwendet. Für die Betreiber ein klarer Fall von Diebstahl, denn der Teddy war gut befestigt. Also gestohlen. Und das an Weihnachten. Wahrscheinlich hatte noch jemand ein Spielzeug gebraucht. Spielzeuge haben Schmidtmeiers genug. Bei ihnen dreht es sich, es schaukelt, es saust, fährt, brummt, blinkt, tutet, rasselt und fiept. In ihrem Spielzeugmuseum funktionieren alle aufziehbaren technischen Spielzeuge einwandfrei. Karusselle, Seilbahnen, Rennautos und natürlich Modelleisenbahnen sind hier in Bewegung. Über 1.000 Ausstellungsstücke kann man im Museum besichtigen. Angefangen hat Nora Schmidtmeiers Leidenschaft 1949 mit dem Sammeln von Apfelsinenpapieren und Zuckerwürfeln. Als sie 14 ist, bekommt sie eine alte Kaffeemühle geschenkt, und von da an sammelt sie zunächst alles, was mit Kochen und Küche zu tun hat, auch Puppenservices und Spielzeugherde.

Im Jahr 1997 ziehen Schmidtmeiers nach Kastellaun um, in größere Räume, auch hier machen sie immer wieder Sonderausstellungen wie »Von der Laterna magica zum Computerspiel«. Dann erfolgt 2009 erneut ein Umzug, und zwar in eigene Räume nach Hasselbach in die alte Schule, die Schmidtmeiers gekauft haben. Auch der Garten ist sehenswert. Bei einem Wettbewerb des Südwestrundfunks lagen sie mit ihrem Garten schon mal auf Platz fünf in Rheinland-Pfalz. Noch etwas Besonderes ist den Schmidtmeiers eingefallen: Auf einer angrenzenden Wiese haben sie ein Narzissenlabyrinth angelegt, 1.800 Narzissen, die im März und April blühen. Vielleicht wird dann ja auch der Teddy neu eingekleidet, als Frühlingsbote, er wurde gefunden, auf einer Bank am Wegesrand. Ein Dieb mit Herz für Teddys.

Adresse Spesenrother Straße 1, 56288 Hasselbach | **Anfahrt** von der B 327 in Kastellaun auf die L 108 bis Hasselbach | **Öffnungszeiten** So 14–17 Uhr oder nach Vereinbarung unter Tel. 06762 / 961616 | **Tipp** Für einen Rundflug über den Hunsrück bietet sich der Flugplatz für Ultraleichtflugzeuge im Nachbarort Hundheim an (www.flugplatz-hundheim.de).

40__Die Alteburg

Analoge Nachrichtenübermittlung / Messpunkte

Mit 621 Metern Höhe ist die Alteburghöhe nicht gerade die höchste Erhebung im Hunsrück, aber von hier aus kann man einen der schönsten Panoramablicke im Soonwald genießen. Mit Hilfe des Turmes sollte das ganze Land vermessen werden. Das linksrheinische Gebiet gehörte nämlich seit 1795 zu Frankreich, auf Anordnung des französischen Kaisers Napoleon I. wurde dieses Land, wie es sich gehört, anständig vermessen. Und zwar, indem astronomisch-trigonometrische Punkte gesetzt wurden. Im Flachland war das kein Problem, nur im Gebirge war es etwas schwieriger. Man baute einen Holzturm. 18 Meter hoch, bot er Platz für den Beobachter und sein Winkelmessinstrument.

Im Jahr 1815 wurde das Rheinland preußisch, und der alte Turm verfiel. Im Jahr 1891 wurde der »Soonwaldclub« gegründet, und eine der Ideen des neuen Vereins war, den alten, kaputten Holzturm durch einen neuen, steinernen Aussichtsturm zu ersetzen. Doch der kostete natürlich, aber die Mitglieder sammelten fleißig, um ihr Projekt schnellstmöglich zu verwirklichen. In den Wirtschaften und Gasthäusern des Hunsrücks wurden Sammelbüchsen aufgestellt, und viel früher als geplant hatte man das Geld erwirtschaftet. Die Bedingungen waren gut zu jener Zeit, in der sich eine neue nationale Begeisterung bildete: Auf Bergkuppen wurden Nationaldenkmäler errichtet, »Zu Ehren von Kaiser und Vaterland«, der Wald wurde als Wanderregion entdeckt. 1876 war schon der »Rhönklub« gegründet worden, bald folgte der deutsche »Wander- und Gebirgsverein«.

Nach dem Motto »Hinaus aufs Land« kamen nun viele Städter und genossen die gesunde Landluft und auch den Blick von Aussichtstürmen wie den von der Alteburg. Der Turm wurde 1893 gebaut und war sehr schnell fertiggestellt. Auch heute noch wird bei so manchem Sonntagsspaziergang der Alteburgturm mit seinem phantastischen Panoramablick in die Wanderung mit einbezogen.

Adresse 55490 Henau | **Anfahrt** von Simmern Richtung Gemünden auf der L 162, in Gemünden auf die L 229, an der höchsten Stelle auf dem Wanderparkplatz parken | **Öffnungszeiten** jederzeit zugänglich | **Tipp** Am Simmerbach in Königsau befindet sich die Töpferei der Familie Seifert, vom Maßkrug und Bembel mit individuellem Text bis hin zu Geschirr und Butterdosen ist hier Keramik angesagt (www.keramik-seifert.de).

41 Das Feuerwehrmuseum
Rückschläge und Neuanfang

Das muss man sich mal vorstellen: In der Innenstadt brennt ein Haus, die Feuerwehr rückt an, und der Hauptmann sagt zum Besitzer des brennenden Hauses: »Es wird nur gelöscht, wenn du mir dein Haus für wenig Geld verkaufst.« Unvorstellbar? In Rom gab es private Feuerwehrtruppen, die sich um Brände kümmerten und tatsächlich kassierten. Eimerketten waren die übliche Löschmethode.

Römische Eimer hat das Feuerwehrmuseum in Hermeskeil nicht, dafür gibt es alle möglichen Feuerwehrfahrzeuge, Pumpen, Leitern und Gerätschaften.

1990 kam man auf die Idee, das Feuerwehrmuseum zu gründen. Ausschlaggebend war der TL 15 / 48, ein Feuerwehrauto der Marke Magirus, das lange Jahre seinen Dienst verrichtet hatte. Dieses Auto wurde ganz auseinandergenommen sowie restauriert, und man fuhr mit ihm auf ein Oldtimertreffen in der Nähe von Hamburg und auch problemlos wieder zurück. Man hatte dort viele schöne, alte Feuerwehrgerätschaften gesehen, und so beschlossen einige Mitglieder, die eigenen Bestände aufzulisten und sie in einem Museum auszustellen. Ein geeignetes Haus war bald gefunden, und die Männer begannen mit Feuereifer, es als Museum zu gestalten. Da kaum Geld zur Verfügung stand, brachten sie ihre Ideen und eigenen Materialien ein, zum Beispiel eine Zimmerdecke, die bei einem Kameraden abgebaut wurde und im Museum wieder Verwendung fand. Vitrinen wurden gebaut, das Glas stiftete eine Hermeskeiler Firma, Gips und Farbe bezahlten die Feuerwehrleute oft selbst, und 1999 konnte das Museum »Feuerpatsche« eröffnet werden. Es wuchs im Lauf der Jahre, Exponate aus aller Welt kamen hinzu.

Dann kam das Aus. Ausgerechnet die Brandschutzbestimmungen waren schuld an der Schließung. Doch man gab nicht auf, nach einer Zwischenlösung in einer Halle wurde mitten in der Stadt ein Neubau errichtet, das Rheinland-Pfälzische Feuerwehrmuseum. Die Geduld hat sich gelohnt.

Adresse Neuer Markt, 54411 Hermeskeil | **Anfahrt** von der A 1 Abfahrt Hermeskeil oder auf der B 327 in die Stadt bis Neuer Markt | **Öffnungszeiten** Infos unter www.feuerwehr-erlebnis-museum.de | **Tipp** Das Lokmuseum in der Bahnhofstraße 20 in Hermeskeil ist eines der größten seiner Art, viele Dampfloks verschiedener Baureihen sind zu bestaunen. Öffnungszeiten April–Mai, Sept. Sa, So 10–17 Uhr; Juni–Aug. Mo–So 10–17 Uhr (www.dmhk.de).

42__ Die Flugausstellung

Kaffee und Kuchen in der Concorde

Fliegen kann man nicht mehr mit der Concorde, und trotzdem kann man noch in einer Concorde Platz nehmen und sich ein Stück Kuchen und ein Kännchen Kaffee bestellen. Möglich ist das in der Flugausstellung an der Hunsrückhöhenstraße. 76.000 Quadratmeter groß ist das Gelände, auf dem Flugzeuge aus aller Herren Länder stehen. Aber wie sind sie hierhergekommen? Ein Flugplatz oder eine Landebahn ist nirgendwo zu entdecken. Ein riesiges Transportflugzeug der Marke Antonov steht neben einem Flugzeug der staatlichen DDR-Luftlinie Interflug. Der größte Transporthubschrauber der Welt, ein russisches Ungetüm, lässt die schlappen Rotoren hängen, und sogar die original Super Constellation, mit der der frühere Bundeskanzler Adenauer nach Moskau flog, um über das Schicksal der letzten deutschen Kriegsgefangenen zu verhandeln, befindet sich hier auf dem Gelände. Kampfflugzeuge russischer und amerikanischer Herkunft, Migs und Starfighter stehen hier friedlich nebeneinander. Auch Linienflugzeuge aus aller Welt sind hier versammelt.

Angefangen hat alles in den 1970er Jahren. Es gibt Menschen, die sammeln Briefmarken, aber Herr Junior senior hatte ein ausgefalleneres Hobby: Er sammelte Flugzeuge. So wurden von Schweden bis zur Schweiz ausgediente Militärjets und zivile Flugzeuge erworben. Einige der Maschinen wurden auseinandergebaut und mit Spezialtransportern nach Hermeskeil gefahren, andere wiederum wurden zu den nächstgelegenen Flugplätzen Saarbrücken, Büchel oder auch Hahn geflogen. Dort wurden sie auseinandergebaut, herübergebracht und hier wieder zusammengeschraubt.

Ein Pilot aus der Schweiz bot an, den kleinen Militärjet der Schweizer Armee auf seinem letzten Flug auf der Hunsrückhöhenstraße, gleich vor der Ausstellung, zu landen, dann könne man sich das Auseinandernehmen und Zusammensetzen sparen, in der Schweiz mache man das so. Aber das wurde in Deutschland leider nicht genehmigt.

Adresse Habersberg 1, 54411 Hermeskeil | **Anfahrt** zur Ausstellung von der B 327 beschildert | **Öffnungszeiten** 1. April–1. Nov. Mo–So 10–18 Uhr | **Tipp** Von Hermeskeil aus ist eine Radtour auf dem »Ruwer-Hochwald-Radweg« zu empfehlen. Die ehemalige Bahnstrecke hat kaum Steigungen.

43_ Das Ignarium

Hier geht es zum letzten Mal heiß her

In Hermeskeil im Industriegebiet Grafenwald steht das Ignarium mit zwei Verbrennungsöfen. Die Stadtväter von Hermeskeil wollten ihre Stadt nicht mit dem Namen »Krematorium« in Verbindung bringen, deshalb wurde bei der Planung aus dem Krematorium ein Ignarium, vom lateinischen Wort »ignis« für Feuer.

Dieses Ignarium steht unter privater Leitung und ist eines der modernsten und umweltfreundlichsten in ganz Deutschland. Der Verabschiedungsraum des Ignariums Hermeskeil wirkt hell und freundlich, hier wird der Sarg aufgebahrt. Trauerfeiern können ganz individuell und persönlich gestaltet werden, mit Erinnerungsstücken und Bildern des Verstorbenen. Und seine Lieblingsmusik, ganz gleich, welche Stilrichtung, ist als letzter musikalischer Gruß zu hören.

Zwei Verbrennungsöfen stehen zur Verfügung, in denen die Särge mit den Verstorbenen bei 1.200 Grad Celsius verbrannt werden. Dass die Asche verwechselt wird, ist ausgeschlossen, denn ein feuerfester, mit einer Nummer versehener Schamottstein kommt mit dem Sarg in die Verbrennung, und nach der vollständigen Einäscherung wird er der Urne beigegeben. Künstliche Hüft- und Kniegelenke aus Metall werden aber vorher aussortiert.

Was passiert dann mit der Asche? Man kann sie in Rasen- oder Wiesengräbern beisetzen, wo die Rasenfläche von der Gemeinde gemäht wird. Bei der Wald- oder Baumbestattung wird die biologisch abbaubare Urne im Wurzelbereich eines Baumes begraben, und bei einer Seebestattung wird die Asche in einer Urne aus löslichem Material im Meer versenkt. Nur im eigenen Garten ist die Beisetzung verboten. Man kann die Asche leider auch keinem Astronauten auf die ISS mitgeben, auf dass sie im Weltraum verstreut werde, aber eine Möglichkeit gibt es noch: die Asche des Verstorbenen zu einem Diamanten zu pressen und als Ring am Finger überallhin mitzunehmen. Auch zu Aldi.

Adresse Im Sangenbruch 18, 54411 Hermeskeil | **Anfahrt** von der B 327 abbiegen, den Schildern »Industrie und Gewerbepark Grafenwald« folgen | **Öffnungszeiten** Mo – Fr 7 – 19 Uhr | **Tipp** Direkt an der B 327 liegt die Nikolausquelle. Das Besondere an diesem Mineralwasser ist: Es wird über Kristalle gefiltert und dann erst abgefüllt (www.st-nikolaus-quelle.de).

HERZLICH WILLKOMMEN

IGNARIUM

ein Ort der Stille, des Gedenkens und der Besinnung

44__ Die Gedenkstätte

Die Idylle trügt

Die Lage ist idyllisch: wellige Hügel, auf denen sich drehende Windräder stehen, Wiesen vor altem Buchenwald. Dann das Gebäude: Die Architektur ist prägnant, überraschend und auch verstörend, man kann kein Haus im eigentlichen Sinne erkennen, es ist auch keine Fabrikhalle. Vielmehr erinnert es an einen Schiffsrumpf, beim Näherkommen fallen die dreieckigen Stahlplatten auf, die untereinander verschweißt sind. Angerostet sind sie, und sie geben dem Bauwerk eine rötlich braune Farbe, die im Gegensatz zu den es umgebenden grünen Wiesen steht. Es passt überhaupt nicht in die sanfte Landschaft. Auf der Vorderseite des circa 50 Meter langen Gebäudes ist eine Glaswand, die von einem Stahlgitter symmetrisch durchbrochen wird. Die Assoziation stellt sich sofort ein: gefangen.

Der Besucher betritt das Gebäude durch eine dreieckige Tür und steht in einem hohen, hellen Raum. Jetzt schaut er durch die Glaswand an der Stirnseite und ist irritiert: Der Blick aus diesem einzigen Fenster wird unterbrochen durch das Stahlgitter. Was aber noch viel verstörender wirkt: Auf diesem Glas ist eine Fotografie des KZs aufgebracht, sodass der Besucher scheinbar das Lager auf dem Platz sieht, wo es früher tatsächlich einmal gestanden hat. Es ist eine gelungene und zum Nachdenken anregende Idee. Das Bauwerk wurde 2006 mit dem BDA-Architekturpreis des Landes Rheinland-Pfalz ausgezeichnet.

Das »SS-Sonderlager Hinzert« entstand im Oktober 1939. Ein Ort des Grauens muss es gewesen sein. Hier wurde gezielt getötet, ganze Gruppen von Gefangenen wurden erschossen oder mit Injektionen umgebracht. Die überregionale Bedeutung der Gedenkstätte wurde vom rheinland-pfälzischen Landtag 2005 noch dadurch unterstrichen, dass ein Gesetz die Versammlungsfreiheit an diesem Ort eingrenzt. Damit soll eventuellen Störungen durch neonazistische Aktivitäten vorgebeugt werden.

Adresse An der Gedenkstätte, 54421 Hinzert-Pölert | **Anfahrt** von Trier aus über die B 52 Richtung Hermeskeil, Abfahrt Hinzert-Pölert, oder von der A 1 Ausfahrt Reinsfeld dem Hinweisschild »Gedenkstätte SS-Sonderlager / KZ Hinzert« folgen | **Öffnungszeiten** Di–Fr 9–13 Uhr und 14–17 Uhr, Sa, So, Feiertage 14–17 Uhr | **Tipp** Das Hochwaldmuseum in Hermeskeil zeigt anschaulich die Geschichte und die Lebens- und Arbeitsweise der Menschen im Hochwald, Kunickerstraße 20 (www.hochwaldmuseum.de).

45__Der Campus

Schmoren im eigenen Saft

»Willkommen an einem besonderen Ort! Willkommen auf dem Umwelt-Campus Birkenfeld!«, so einladend wirbt die Hochschule Birkenfeld auf ihrer Homepage. Fünf Kilometer von der Stadt entfernt, liegt der Campus auf einem ehemaligen Lazarettgelände der amerikanischen Streitkräfte.

Das Lazarett war 1952 für den größten amerikanischen Standort in Deutschland, für Baumholder, gebaut worden. Als die Amerikaner gingen, kam die rheinland-pfälzische Regierung auf die Idee, die Gebäude für eine Hochschule zu nutzen. »Leben, lernen, arbeiten« – das ist keine hohle Phrase, es wird hier, an diesem besonderen Standort, konsequent umgesetzt.

Die Hochschule, eine Zweigstelle der Uni Trier, ist europaweit die einzige Zero-Emission-University. Ihre Gebäude sind mit modernster Anlagentechnik ausgestattet, wodurch die Energie- und Wärmeversorgung CO_2-neutral ist. Im Kreisverkehr bei der Einfahrt steht ein großes Solarmodul, das sich mit der Sonne dreht. Auch das Kunstwerk vor einem der Hörsäle liefert Strom für den Campus.

Ein weiterer Pluspunkt: Gleich zu Beginn des Studiums arbeiten Studierende und Professoren an verschiedenen Projekten gemeinsam. Das ist ganz wichtig für die Studierenden, sie treffen hier immer auf offene Professorenohren und sind stolz darauf, dass bei Veröffentlichung einer Arbeit in einem Buch ihr Name auftaucht. »Umwelt macht Karriere« ist das Motto des Campus. In allen Studiengängen – Wirtschaft, Recht, Verfahrenstechnik, Maschinenbau und Informatik – ist der Umweltgedanke das verbindende Element. Sich in zahlreichen Projekten gegenseitig voranzubringen und sich selbst zu verwirklichen, das sind die Ziele des Campus, und das macht diese Hochschule für viele Studierende zu etwas ganz Besonderem. Auch der Campus wird gemeinsam gestaltet, dadurch herrscht an dieser Einrichtung eine familiäre Atmosphäre.

Adresse Campusallee, 55768 Hoppstädten-Weiersbach | **Anfahrt** bei Morbach von der B 327 auf die B 269 Richtung Birkenfeld wechseln, dann auf der B 41 weiter Richtung Hoppstädten-Weiersbach, auf die L 168 abbiegen und dann nach 1 Kilometer rechts auf das Campusgelände abbiegen (www.umwelt-campus.de) | **Tipp** Der Ferienpark Oberhambach ist nur einige Kilometer entfernt. Mitten in der schönen Hunsrücker Landschaft gelegen, bietet er vielfältige Freizeitmöglichkeiten. So kann man zum Beispiel im subtropischen Schwimmbad unter Palmen baden (www.roompotparks.de).

46_ Die Edelstein-Erlebniswelt

Funkelnde Phantasien

Blaue Nebel wallen über einem Becken mit tiefschwarzem Wasser, aus dem ein weiß angeleuchteter Wasserstrahl plätschert. Aus einem großen, rötlich leuchtenden Salzkristall rinnt ebenfalls ein Bächlein in einen kleinen Brunnen, in dem bunte Wasserblasen platzen. Ein giftgrüner Drache speit dicken grauen Rauch aus blutroten Nüstern, dabei faucht er, während Blitze durch den abgedunkelten Raum zucken.

Ein fußballgroßer Bergkristall, der auf einem gedrechselten Sockel aus Gips steht, wechselt alle paar Sekunden die Farbe, und aus unsichtbaren Lautsprechern dringt Musik: Sind es Mönche, die gregorianische Gesänge zum bizarren Ambiente beisteuern? Oder ist es die Sphärenmusik der Sterne, die alle paar Sekunden aufblitzen, sich zu einem Spiralnebel aufblähen, um danach ins schwarze Loch zu fallen, aufgesogen von dunkler Materie, die aber im nächsten Moment wieder einen Urknall mit einem grellfarbigen Feuerwerk von zerplatzenden Sternzeichen an der Wand hervorzuzaubert? Ein rot glühender Vulkan weist den Weg zur Sehnsuchtsgrotte.

Dort wabern Nebelschwaden aus einem magischen Brunnen, sie hüllen den Besucher ein. Er sitzt neben einer Nixe, beide blicken sie nach vorn, auf ein illusionistisch gemaltes Meer, über dessen grünen Wellen ein Albatros zum Landeanflug ansetzt. Im nächsten Raum wechseln Licht und Musik. Überall liegen und stehen seltene Drusen, sogar die Wände sind besetzt mit Edelsteinen ... na ja, Idar-Oberstein hat ja genug davon!

Draußen vor der Edelstein-Erlebniswelt befindet sich eine wundersame Steinwelt für Kinder: Durch eine Holztür betreten sie eine Felsengrotte und dürfen auf 60 Quadratmetern nach Edelsteinen schürfen. Finden sie welche, dürfen sie sie mit nach Hause nehmen, ein Riesenspaß! Außerdem lernen sie, Flusskiesel von Edelsteinen zu unterscheiden, und ganz aufgeweckte Kinder erkennen schon bald den Unterschied zwischen Gips und Fels.

Adresse Nahestraße 42, 55743 Idar-Oberstein | **ÖPNV** DB RB 3311, Haltestelle Idar-Oberstein Bahnhof | **Anfahrt** in Morbach von der B 327 auf die B 269 abbiegen, dann auf die B 422 Richtung Idar-Oberstein, die B 422 wird hier zur Mainzerstraße, hinter der Nahebrücke links abbiegen auf die Nahestraße | **Öffnungszeiten** Mo–Fr 9–18 Uhr, Sa, So 10–18 Uhr | **Tipp** Die Historische Weiherschleife, Tiefensteiner Straße 87, ist die letzte mit Wasserrad angetriebene Achatschleife am Idarbach. Den Besuchern wird live die Verarbeitungsweise der Steine vorgeführt (www.edelsteinminen-idar-oberstein.de).

47___Der letzte Schlot

Gut geschmiert ist halb geölt

22 Meter hoch, unten am Fuß einen Durchmesser von drei Metern, aus rotem Backstein gebaut, steht er als Teil des Industriedenkmals der Schmuckfabrik von Jakob Bengel. Von den einst so zahlreichen Fabrikschloten ist er als letzter seiner Art übrig geblieben. Bereits 1873 wurde der Schornstein errichtet, da Dampfkraft für die Galvanik und die gesamten Maschinen wichtig war. Durch ihn entwich der Dampf der Maschine, die die Energie für die Kettenmaschinen, Walzen und Pressen lieferte, mit denen besondere Schmuckstücke hergestellt wurden.

Die schweren schwarzen Maschinen laufen seit 100 Jahren wie geölt, sie rattern wie geschmiert, und so riecht es hier auch. An der Fabrikdecke hängt eine Transmissionswelle, an der viele Räder befestigt sind. Transmissionsriemen bewegen auch heute noch Maschinen. Früher wurde die dafür benötigte Energie mit einer Dampfmaschine erzeugt, später kam die Umstellung auf elektrischen Strom. Ein Motor betrieb bis zu zehn Maschinen. In der Halle fallen die Stützpfeiler aus Gusseisen ins Auge, oben sind sie mit korinthischen Kapitellen verziert, wie sie in der Belle Époque üblich waren. Auch die Wendeltreppe und die verglaste Wand, die den Maschinenraum vom Kontor trennt, sind mit Jugendstilornamenten und Arabesken verziert.

Angefangen hat es 1873 mit dem Schlosser Jakob Bengel, der mit kostengünstiger maschineller Produktion eiserne Uhrketten herstellte. Durch das Verchromen und Vernickeln sahen diese Ketten aus wie Silberketten, waren aber viel preiswerter. In den 1950er Jahren kamen Produkte aus Aluminium hinzu. Auch bei diesem Material kam es zu einer Veredelung durch Eloxalbäder. In dieser Blütezeit der Modeschmuckherstellung und Metallwarenindustrie arbeiteten über 5.000 Menschen in Oberstein in diesem Erwerbszweig. In den 1990er Jahren brach der Markt ein und hat sich bis heute nicht erholt.

Adresse Wilhelmstraße 42a, 55743 Idar-Oberstein | **ÖPNV** DB RB 3311, Haltestelle Idar-Obarstein Bahnhof | **Anfahrt** in Morbach von der B 327 auf die B 269 abbiegen, dann auf die B 422 Richtung Idar-Oberstein, hier auf die B 41, nach einem Kilometer rechts auf die Wilhelmstraße abbiegen | **Öffnungszeiten** Mai–Sept. Di–So 10–16 Uhr; Okt.–April Di–Fr 10–16 Uhr, Mo Ruhetag | **Tipp** Hoch über der Stadt thront die berühmte Felsen-kirche, man erreicht sie nur durch einen Tunnel, der ebenfalls in den Felsen gehauen wurde (www.felsenkirche-oberstein.de).

48__ Die Altstadt

Ein »Gehaichnis« hat jeder, nur anders

Etwas Besonderes ist die Altstadt von Kastellaun. An einigen Stellen stehen Häuser, die ganz mit Hunsrücker Schiefer beschlagen sind, nicht nur das Dach, nein, auch die Vorderfronten und die Seiten. Das Rheinische Schiefergebirge kommt hier sichtbar zum Ausdruck.

Von der mittelalterlichen Befestigungsanlage der Stadt ist noch ein Teil erhalten, man kann sie überdacht begehen. Unterhalb der Burg führt eine alte Schiefertreppe in die »zweite Etage« Kastellauns. Geht man sie hoch, befindet man sich in einem wunderschönen Viertel. Hier oben ist es ruhiger als in der quirligen Unterstadt. An einem Haus ein Schild, auf dem »Gehaichnis« steht. »Gehaichnis«, das Wort kommt aus dem Hunsrücker Dialekt und heißt … ja, man kann es schlecht erklären, es gibt keine hochdeutsche Übersetzung, aber es ist schlechthin *das* Hunsrücker Wort für … für was denn jetzt? Für das schönste Wort in Hunsrückisch! Es ist nicht zu übersetzen und doch so einfach. Ein »Gehaichnis« bedeutet für jeden Einzelnen etwas anderes, man muss es erfühlen. Es steht für alles Gute, was einem widerfahren kann: Für den einen ist es die wärmende Sonne im Gesicht, für den anderen der weite Blick von einem Aussichtspunkt in die Hunsrücker Landschaft. Ein prasselndes, wärmendes Kaminfeuer, der Geruch von frisch gebackenem Streuselkuchen, sich zu jemandem hingezogen fühlen … ein Gehaichnis kann so vieles sein, jeden Sinn kann es erfassen. Im Lauf der Jahre ändert sich bei manchen auch das Gehaichnis, es wird ein stilles Gehaichnis.

Das Kastellauner Gehaichnis ist ein Ort, an dem man sich wohlfühlen kann. Im Haus ist eine Kultur- und Begegnungsstätte untergebracht, hier finden Veranstaltungen statt. Es wurde um 1845 gebaut und war die katholische Schule. Unter dem Schild am Haus wird das Wort »Gehaichnis« so erklärt: »Ein Ausdruck für Geborgenheit«, »Wohlfühlen«. Und das in einer Schule!

Adresse Burgweg 8, 56288 Kastellaun | **Anfahrt** auf der B 327, parken am Marktplatz | **Tipp** Auf dem Schinderhannes-Radweg, einer ehemaligen Bahntrasse, gibt es keine großen Steigungen, er ist wie geschaffen für Genussradler und Familien mit Kindern, die die herrliche Hunsrücker Landschaft genießen wollen.

49__Der Sturm

Hier hat Kyrill gezeigt, was er kann

Schon Goethe sagte: »Ich ging im Walde so für mich hin, und nichts zu suchen, das war mein Sinn.« Wenn aber ein Sturm oder sogar ein Orkan droht, hat kein Mensch – auch Goethe nicht – etwas oder auch nichts im Wald zu suchen. Dann kann es nämlich sehr gefährlich werden, wie der Windwurfpfad von Kastellaun bestätigt.

Hier kann man einen Waldspaziergang ganz anderer Art erleben. Es ist gar kein Wald, so wie man sich einen Wald vorstellt: hoch aufragende Tannenbäume, knorrige Eichen mit breitem Laubdach, schlanke Buchen mit großer Krone. Nein, in diesem Kastellauner Waldstück liegen die Bäume kreuz und quer durcheinander. Man sieht herausgerissene Tellerwurzeln, groß wie eine Hauswand, verdrehte, ineinander verschlungene Baumstämme, zerrissenes, gesplittertes Holz, abgeknickte Kronen, durchgebrochene Bäume, deren Abrissstellen spitz und gefährlich in den Himmel ragen, aufeinandergestürzte Stämme, die unter hoher Spannung stehen.

Mit 120 Stundenkilometern brauste Kyrill 2007 über den Hunsrück und richtete in den Wäldern hohen Schaden an. Eigentlich wird nach einem solchen Ereignis sofort wieder aufgeräumt. Förster und Waldarbeiter sorgen dann dafür, dass das noch verwertbare Holz geborgen wird. Aber für diesen verwüsteten Wald hatte das Forstamt eine andere Idee: Ein spannendes Anschauungsprojekt ist entstanden. An zehn Informationsstationen lernt man, was mit einem solchen Wald, in dem nichts mehr gemacht wird, von allein wieder wächst und entsteht.

Der 800 Meter lange Weg ist gefahrlos zu begehen, aber manchmal muss man unter umgefallenen Bäumen hindurchkriechen, oder man geht über angelegte Treppen zu Aussichtsplattformen, von denen man das ganze Ausmaß der Zerstörung überblicken kann. Ein kleiner Junge fragt hier seinen Papa: »Ist das ein Baumumfall-Museum?« Und mitten in dem Chaos sprießt aus einem schon vermodernden Baum ein frischer Trieb.

Adresse Südstraße 26, 56288 Kastellaun | **Anfahrt** von der B 327 auf die L 219 Richtung Laubach, kurz hinter der Stadtgrenze den Schildern folgen | **Tipp** Mit dem Motto »Grenzen überwinden – Kräfte freisetzen« wirbt der Walderlebnispark mit Klettergarten am Stadtrand von Kastellaun (www.waldabenteuer.de).

50__ Der Burr

Eine Wüste im Hunsrück

Am Fuß des Turmes der Wildenburg wächst ein verwunschener Wald. Dort gibt es moosbewachsene Quarzitfelsen und überhängende Steinformationen mit Einkerbungen, als ob eine Riesenaxt hier zugeschlagen hätte. Man sieht umgefallene Bäume, abgestorben und mit Baumpilzen überwachsen, sie werden nicht entfernt, ein Gefühl von Urwald stellt sich ein. Aus einem Felstopf läuft auch im Hochsommer Wasser. Teile einer nachgebauten keltischen Wehranlage sind zu sehen, und es würde einen nicht wundern, wenn einem hier sagenhafte Gestalten begegneten.

Geht man den Weg in Richtung Mörschied, kommt man am »Burr« vorbei. Burr, der Name klingt, als ob einem kalt wäre: brrrr, mit einem Hunsrücker rollenden »rrrr« gesprochen, klingt Burr noch einmal so schön.

Doch was ist das, ein Er, eine Sie? Man ahnt es, der Burr ist männlich, und der Burr ist eine Wüste im Hunsrück, eine Steinwüste. Kein Baum wächst hier, auch Sträucher haben es schwer, aber in seinen Steinverstecken, in den Höhlen zwischen und unter den Felsplatten, leben Eidechsen und Blindschleichen, sie fühlen sich wohl auf den warmen Steinen. Diese Steinlawinen mit ihren wackelnden Felsplatten sind zwar frei von Feinerde, dafür gedeihen hier, in diesem unwirtlichen Areal, seltene Moose und Farne. Von einer gemauerten Aussichtsplattform geht der Blick über eine der längsten, größten Felshalden weit in den Hunsrück hinein.

Blockhalden heißen diese Steinströme, es sind Felsbildungen, die durch Verwitterungsvorgänge und Frosteinwirkung entstanden sind. Während der Eiszeit waren die Böden dauerhaft gefroren, durch die Sonneneinstrahlung tauten sie tagsüber wieder auf, und durch diese ständigen Temperaturunterschiede begann ein Verwitterungsprozess. Die Steine zersprangen und sammelten sich in Mulden, sie füllten Löcher und Senkungen und kullerten bis an den Fuß so manchen Hunsrückhanges.

Adresse Wildenburger Straße, 55758 Kempfeld | **Anfahrt** in Morbach von der B 327 auf die B 269, dann auf der B 422 nach Katzenloch, von hier nach Kempfeld, im Ort der Beschilderung folgen | **Tipp** Innerhalb der Wildenburg gibt es einen Raum mit romantischer Atmosphäre, in dem sich interessierte Brautleute das Jawort geben können. Im Winter brennt dazu ein Kaminfeuer (www.vg-herrstein.de).

51 Der Edelsteingarten

Glitzernde Früchte, Pflücken verboten

Offenbarung, Kapitel 21, Verse 19–21: »Und die Grundsteine der Mauer um die Stadt waren geschmückt mit allerlei Edelgestein. Der erste war ein Jaspis, der zweite ein Saphir, der dritte ein Chalcedon, der vierte ein Smaragd, der fünfte ein Sardonyx, der sechste ein Sarder, der siebte ein Chrysolith, der achte ein Beryll, der neunte ein Topas, der zehnte ein Chrysopras, der elfte ein Hyazinth, der zwölfte ein Amethyst.« Dieser Text aus der Offenbarung des Johannes beschreibt visionär die Entstehung einer neuen Welt Gottes ohne Tod, Leid und Krankheit. Das Neue Jerusalem wird entstehen.

Der Edelsteingarten, der übrigens für jedermann frei zugänglich ist, liegt gleich neben der Hauptstraße, die ein Teil der Edelsteinstraße ist. Er ist einzigartig in Deutschland. Man kann alle Steine beim Rundgang anfassen und ihre verschiedenen Strukturen erspüren. Wenn die Sonne scheint, glitzert und funkelt es überall.

Über 100 Edelsteine stehen und liegen hier im Edelsteingarten, kleine Tafeln beschreiben ihre Herkunft. Strahlende Bergkristalle, funkelnde Amethyste, glänzende Achate. Blinkende, phosphoreszierende Steine.

Diese Edelsteine bildeten früher die Grundlage für die Hunsrücker Edelsteinindustrie. Schnell waren die Fundstätten ausgebeutet, doch ein paar zurückgekehrte Auswanderer aus Brasilien brachten Edelsteine aus der neuen Heimat mit. 1835 kam das erste Rohmaterial per Schiff aus Brasilien und wurde zur weiteren Verarbeitung in den Hunsrück gebracht.

Im Kempfelder Garten stehen Steine, die noch nicht verarbeitet sind. Wie gesagt, der Edelsteingarten ist immer geöffnet für jeden, der sich an schönen Steinen erfreuen mag, ein wunderschöner Ort. Aber es gibt eben auch Mitmenschen, die beim Klang des Wortes Edelstein an Reichtum und Profit denken. Das sind dann die, die bei Nacht und Nebel in den Garten gehen und ernten, was sie nicht gesät haben.

Adresse Auf der Wiese, 55758 Kempfeld | **Anfahrt** in Morbach von der B 327 auf die B 269, dann auf der B 422 nach Katzenloch, in der Ortsmitte abbiegen nach Kempfeld, an der Hauptstraße den Hinweisschildern folgen | **Tipp** In Kempfeld, in der Hauptstraße 56 gelegen, befinden sich Bäckerei und Café Dalheimer, der Käsekuchen ist hier nicht nur preiswert, sondern er schmeckt auch ausnehmend gut.

52 Die Wildkatzen

Das sind keine Sofatiger

Wenn man sich ihr nähert, wird sie aggressiv: Sie fährt die Krallen aus, sie schlägt, sie faucht, sie spuckt sogar. Bei dem Tierchen handelt es sich um die Wildkatze, auf Latein »Felis silvestris«. Sie ist wild, sie gilt als nicht zähmbar. Bei einem normalen Waldspaziergang wird man so schnell keinem dieser scheuen Tiere begegnen. Und doch sind sie mitten unter uns, in den Wäldern des Hunsrücks sind sie sogar sehr verbreitet. 5.000 Tiere sollen in Deutschland leben, davon 3.000 in Rheinland-Pfalz, davon wiederum über 1.000 im Hunsrück. Zu den Kernlebensräumen zählen Hochwald und Idarwald.

Heute kümmert sich das Wildkatzenzentrum an der Wildenburg um gefundene und kranke Tiere. Immer wieder werden von Autos angefahrene Tiere hierhergebracht. In der neu errichteten Auffang- und Auswilderungsstation werden die Katzen zuerst tierärztlich untersucht. Man macht auch einen Gentest, um herauszufinden, ob es sich tatsächlich um Wildkatzen handelt, denn bei jungen Tieren besteht Verwechslungsgefahr mit Hauskatzen. Dann sorgen sich die Mitarbeiter des Zentrums intensiv um die Genesung. Erwachsene Tiere werden, wenn sie gesund sind, am Fundort wieder ausgewildert. Jungtiere werden in das sogenannte Auswilderungsgehege gebracht, in dem sie auf ihre Freiheit im Wald vorbereitet werden. Es gibt auch ein mobiles Gehege, in dem die jungen Katzen lernen, Beute zu schlagen. Wenn sie das können, steht ihrer Freiheit in den Hunsrücker Wäldern nichts mehr im Wege.

Ein 6,5 Kilometer langer Wanderweg, der vor dem Wildenburger Freigehege beginnt, heißt »Wildkatzen-Rundweg«. Das heißt aber nicht, dass garantiert eine oder mehrere Wildkatzen den Weg kreuzen und als Fotomotiv posieren. Wie gesagt, sie sind scheu. Aber entlang dieses Weges, in den zahlreichen Hohlräumen der Steinhalden des Mörschieder Burrs, im naturbelassenen Wald mit seinen Baumhöhlen, fühlt sich die Wildkatze wohl.

Adresse Wildenburger Straße 22, 55758 Kempfeld | **Anfahrt** in Morbach von der B 327 auf die B 269, dann auf der B 422 nach Katzenloch, in der Ortsmitte abbiegen nach Kempfeld, im Ort den Schildern »Wildenburg« folgen | **Öffnungszeiten** Mo−So 8.30 Uhr bis zur Dunkelheit, Einlass bis 17 Uhr, weitere Infos unter www.wildfreigehege-wildenburg.de | **Tipp** Im Nachbarort Katzenloch gibt es eine originelle Gartenwirtschaft am Wasserfall, manchmal lassen sich auf den Felsen Mufflons sehen.

53__Der Ort Katzenloch

Auf kleinem Raum die große Vielfalt

Eine alte Fabrik fällt ins Auge, sie ist das größte Gebäude im Ort. Der Unternehmer Stumm bekam 1758 die Erlaubnis, hier einen Weiher anzulegen und das Wasser der Bäche zu stauen, um damit ein Hammerwerk zu betreiben. Nachdem die Stumms ins Saarland abgewandert waren, um dort eine größere Fabrik zu betreiben, wechselte die Fabrik hier öfter ihre Funktion, mal wurde sie zu einer Schleife, dann zu einem Sägewerk.

Heute befinden sich ein Autohandel und eine Reparaturwerkstatt im historischen Gebäude. Deshalb stehen auf einer nahen, von Birken umstandenen Wiese etwa 50 alte Autos, vom Militärjeep bis zum Londoner Taxi ist alles dabei. Große, verrostete Zahnräder, eiserne Schwungräder und Zahnkranzscheiben liegen zu Dutzenden herum, kann man damit Autos flicken? Und warum sind alte eiserne Transmissionsräder zur Hälfte in die Erde eingegraben? Sie bilden zusammen mit den Birken ein Spalier für Spielzeugtraktoren, Kettcars und Tretroller. Alles steht in einer Reihe und wartet auf die jungen Fahrer. Die kommen mit ihren Eltern in die angrenzende Gartenwirtschaft am Wasserfall, wo sie nach Herzenslust herumtoben können. Von einer Holzbrücke aus kann man auf den Wasserfall und die im Bach wachsenden Pflanzen schauen. Geradeaus geht es nun ein paar Schritte auf ein Gebäude zu, an dem ein Reklameschild in den französischen Nationalfarben prangt: »Vins de France«. Und vorn an der Straße verkauft ein Mineralienhändler seine Steine und Schmuckstücke.

In den 50er Jahren des letzten Jahrhunderts lag ein Antrag auf Namensänderung bei der Gemeinde vor. Ein Gast, der schon oft seinen Urlaub in Katzenloch verbracht hatte, wollte seinen Freunden den Ort empfehlen, aber jedes Mal, wenn er den Namen Katzenloch nannte, brachen die Menschen in Gelächter aus. Katzenwinkel als Alternative sei doch schön. Der Antrag wurde abgelehnt, es blieb bei Katzenloch.

Adresse 55758 Kempfeld-Katzenloch | **Anfahrt** in Morbach von der B 327 auf die B 269, dann auf der B 422 nach Katzenloch | **Tipp** Von hier aus wandert man auf dem Köhlerpfad zur Wildenburg, unterhalb der Burg liegt das Wildfreigehege mit Streichelzoo und Naturlehrpfad (www.wildfreigehege-wildenburg.de).

54___Der Marktplatz

Ein verborgener Heiliger schaut auf das Prachtstück

Schon von Weitem ist Kirchberg zu sehen, egal, aus welcher Himmelsrichtung man sich nähert, denn Kirchberg ist auf einem Hügel gebaut, und die Silhouette der Stadt mit ihren drei Türmen ist unverkennbar.

Kirchberg, die älteste bekannte Siedlung im Hunsrück, liegt auf einer Kreuzung alter Römerstraßen. Schon 1295 erhielt Kirchberg Stadt- und Marktrechte, somit ist der Ort auch die älteste Stadt auf dem Hunsrück, und der Marktplatz ist ein Prachtstück. Viele denkmalgeschützte Häuser stehen hier nebeneinander, ein Haus mit einem sechseckigen Erker, das Rathaus mit seinem verschieferten Glockenturm und die Schwanenapotheke mit ihren holzgeschnitzten Köpfen. Sie hat das Apothekerprivileg schon 1752 erhalten und ist somit die älteste Apotheke auf dem Hunsrück.

Gegenüber den Fachwerkbauten steht, in einem Hauseingang versteckt, die überlebensgroße Figur eines Heiligen. Warum steht sie nicht auf einer Säule, warum schmückt sie keinen Brunnen? Warum steht sie nicht in der Nähe der Kirche, sondern in einem Hauseingang? Des Rätsels Lösung: Es ist der Brückenheilige Nepomuk, und als solcher stand er früher auf einer Brücke, die zur Stadtbefestigung gehörte. Als man die Brücke abriss, war die Figur wohl zu schade für den Müll. Jetzt blickt der heilige Nepomuk nicht mehr aufs Wasser, sondern er beobachtet das Treiben auf dem Marktplatz.

In einer Gasse trifft man auf ein Fachwerkhaus, das die Form eines Schiffs hat. Es ist das Heimathaus, in dem die Geschichte der Stadt anschaulich und spannend erzählt wird. Dass so viele historische Fahrräder im Museum zu sehen sind, hat damit zu tun, dass der letzte Oberamtmann der Vater von Karl Freiherr von Drais war, dem Erfinder des Fahrrads. Und wer mit dem Fahrrad nach Kirchberg gekommen ist, kann sich freuen, denn von hier aus geht es, in welche Himmelsrichtung auch immer, bergab.

Adresse Marktplatz, 55481 Kirchberg | **Anfahrt** auf der E 42 von Simmern oder Flugplatz Hahn kommend Abfahrt Kirchberg, im Kreisel Richtung Gemünden, im Ort gibt es Parkmöglichkeiten | **Tipp** In der Indoor-Kletterhalle in der Otto-Hahn-Straße 10 kann manch Kletterer bei 23 Meter hohen Klettermöglichkeiten seine Höhenängste angeseilt überwinden. Öffnungszeiten Mo – Fr 8 – 22 Uhr, Sa, So, Feiertage 10 – 22 Uhr.

55___Der Wasserturm

Ungeliebt, aber doch ein Wahrzeichen

Schon Ausonius beschrieb 365 nach Christus die Gegend um Kirchberg als »trockene Angelegenheit«, vielleicht war es ja ein heißer Sommer, vielleicht war aber auch damals schon die exponierte Lage auf dem Hügel ein Problem. Jedenfalls sah der Geschichtsschreiber trockene Felder, die nach Wasser dürsteten. Im Jahr 1896 kam die Analyse einer Wasserprobe aus dem Kirchberger Marktplatzbrunnen zu einem vernichtenden Urteil: »Nach diesen Resultaten der chemischen Analyse ist dieses Wasser als Trinkwasser zu Genusszwecken als unbrauchbar anzusehen.«

Was nun? Das schlechte Ergebnis war der Startschuss für eine neue Wasserleitung. 1897 erhielt der Bauunternehmer Langenbach den Auftrag, eine Hochdruckwasserleitung zu bauen. Langenbach bohrte am Stadtrand einen 13 Meter tiefen Brunnen, der ein Jahr später 80 Kubikmeter Wasser lieferte. Das war genug, jetzt hatte er vor, den nächsten Schritt zu tun, nämlich einen Hochbehälter zu bauen. Allerdings unter der Bedingung, dass 30 Kirchberger Haushalte einen Antrag auf Wasserversorgung stellten. Aber er hatte die Rechnung ohne die sparsamen Kirchberger gemacht. Was? Das neue Wasser würde Geld kosten? Unmöglich! Trotz schlechter Wasserqualität und häufigem Wassermangel gingen die Anträge auf Wasserversorgung nur zögerlich ein. Zwei Jahre dauerte es, bis der Unternehmer endlich anfangen konnte, den Hochbehälter zu bauen.

Der Bau des markanten Turmes fand in der Bevölkerung wenig Beachtung, nicht eine einzige Fotografie aus der Bauphase ist bekannt, auch in den Zeitungen wurde nur spärlich berichtet. Lakonisch dann die Mitteilung des damaligen Bürgermeisters Sandkuhl: »Die Wasserleitung wurde am 1. August 1900 in Betrieb genommen.« Noch nicht einmal eine Einweihungsfeier fand für den Turm statt. Und heute? Heute ist der Wasserturm – von Weitem sichtbar – zum Wahrzeichen Kirchbergs geworden.

Adresse Graf-Simon-Straße 1, 55481 Kirchberg | **Anfahrt** auf der E 42 von Simmern oder Flugplatz Hahn kommend, Abfahrt Kirchberg, im Kreisel Richtung Gemünden, im Ort gibt es Parkmöglichkeiten | **Tipp** Im Nachbarort Kappel gibt es den Geflügelhof Bauer. Die Tiere bekommen gutes Futter aus eigenem Anbau, sie laufen frei herum. Die Schlachttermine, zu denen man ein frisches Hunsrückhuhn bekommt, findet man unter www.gefluegelhof-bauer.de oder unter Tel. 06763 / 2453.

56__ Der Mittelpunkt

Wo Rheinland-Pfalz seine Mitte findet

Einfahrt ins Dorf Bärenbach. Kurz vor dem Dorfeingang ein großer Quarzstein, auf dem ein blau mäandernder Bach und ein brauner Bär aus Metall befestigt sind, beide schon etwas angenagt vom Zahn der Zeit.

Aufgegebene Geschäfte links und rechts der Hauptstraße. Viele Häuser mit Schildern »Zu verkaufen«. Mitten im Ort gehen vier Straßen in jede Richtung, hier steht ein grünes Hinweisschild mit gelber Schrift. »Zum Mittelpunkt«, steht darauf. Mittelpunkt von was? Von wem? Vielleicht der Dorfmittelpunkt? Man denkt unwillkürlich an die Mitte einer Zielscheibe, in der ein Pfeil steckt. Oder auch an Jules Verne und an seinen Roman »Die Reise zum Mittelpunkt der Erde«.

An einem ehemaligen Bauernhaus ein verwittertes Gemälde. Zwei Pferde ziehen einen Pflug, an dem in gekrümmter Haltung ein Bauer hängt. Soll heißen: schwere Arbeit. Die asphaltierte Straße wird zum Feldweg, und etwas weiter, auf einer eingezäunten Wiese, blöken Schafe mit schwarzen Gesichtern. Nach 200 Metern kurz vor dem Waldrand dann eine hohe Buchenhecke, dahinter ein großer Platz, eine Grillhütte und davor ein großer Quarzfindling. Auf ihm eine Karte mit dem Umriss von Rheinland-Pfalz, und genau in der Mitte ist tatsächlich Bärenbach eingezeichnet. Das ist also der Mittelpunkt eines deutschen Bundeslandes. Ein Abgeordneter des rheinland-pfälzischen Landtages hatte 1982 die Idee dazu. Ein Wettbewerb wurde ausgeschrieben, etwa 1.000 Einsendungen mit Berechnungen gingen ein. Die exakte Berechnung des Landesamtes für Vermessung und Geobasisinformation führte dann zu dieser Stelle bei Bärenbach. 7°18' 37,5" östlicher Länge, 49° 57' 18,5" nördlicher Breite. Der damalige Ministerpräsident Bernhard Vogel erklärte den Ort in einer Feierstunde 1982 zum Mittelpunkt des Bundeslandes. Der Nabel der Welt ist Bärenbach zwar nicht, aber immerhin das geografische Herz von Rheinland-Pfalz.

Adresse 55483 Kirchberg-Bärenbach | **Anfahrt** von der Hunsrückhöhenstraße am Flugplatz Hahn abbiegen auf die L 194 Richtung Sohren, nächster Ort ist Bärenbach, im Ort ist der »Mittelpunkt« ausgeschildert | **Tipp** Auf der Besucherterrasse des Flugplatzes Hahn mit Blick auf Tower und Flugzeuge kann man außer Hunsrückluft den Duft der großen, weiten Welt schnuppern (www.hahn-airport.de).

57__Das Bauwagencafé

Ein Kräuterkulinarium zum Anbeißen

Gundermann, Giersch und Melde. Hinter diesen Namen stecken keine Menschen, sondern schmackhafte Kräuter. Sie werden im Naturkräutergarten von Maiga Werner angebaut. Man geht durch eine typische Hunsrücker Scheune mit gestampftem Lehmboden, und schon steht man staunend in diesem wunderschön angelegten Garten.

Es ist eher ein Gartenparadies. Alles, was sich ein Gartenherz wünscht, ist hier zu finden. Ein Teich, in dem Wasserpflanzen zu Hause sind. Ein grüner Bauwagen unter alten Obstbäumen, davor wettergegerbte Stühle und Tische. An einem Komposthaufen ein Schild: »Regenwurmhotel«. Überall stehen Tontöpfe mit verschiedenen Pflanzen, in den Bäumen hängen Blumenampeln, und in einem großen Gewächshaus zieht und pflegt Maiga Werner ihre Kräuter. Und weil man Geschmack und Geruchssinn schulen kann, bietet Frau Werner Seminare an, in denen gelernt, aber natürlich auch verzehrt wird. Welche Wildkräuter kann ich essen? Wann und wo wachsen sie, und für welche Speisen kann ich sie verwenden? Es werden Führungen durch den Garten angeboten, mit anschließender Verköstigung von leckeren Kräutertapas. Der Ort, an dem gespeist wird, ist der grüne Bauwagen, der, mit antiken Möbeln geschmackvoll eingerichtet, mitten im Garten steht.

Von Mai bis Oktober kann man Gerichte mit frischen Kräutern essen: Kräutersuppen, vegane Speisen, regionale Gaumenfreuden. Ein Kochbuch mit Rezepten aus dem Bauwagen und von befreundeten Köchinnen und Köchen ist erhältlich, der Titel, wen wundert's: »Die Verführküche der Kräuter«. Erschienen ist es im Dort-Hagenhausen-Verlag. Außerdem bietet Frau Werner seit Neuestem Kochkurse an.

Im Kräutergarten von Maiga Werner wird mit Kompost, Pflanzenmulch und Liebe gearbeitet. Wer einen längeren Aufenthalt in der Region plant: Frau Werner vermietet auch vier urgemütliche Gästezimmer, gefrühstückt wird morgens im Bauwagen.

Adresse Fronhofen 2, 54483 Kleinich | **Anfahrt** von der B 327 abfahren auf die K 126, in Kleinich der Beschilderung Fronhofen folgen | **Öffnungszeiten** Mai – Okt. Sa, So, Feiertage 12 – 18 Uhr | **Tipp** Bei einem Spaziergang durch Traben-Trarbachs Innenstadt auf den Stadtturm steigen und die herrliche Aussicht genießen. Ein Glockenspiel ertönt jede Stunde.

58__Die Wacholderheide

Was die Schafe verschmäähen

Es waren die Köhler, die diese eigentümliche Landschaft geprägt haben. Für die Erzgewinnung brauchte man Holzkohle, die die Köhler in den Hunsrücker Wäldern herstellten und den Eisenhütten lieferten. Die Wälder fielen der Axt zum Opfer und wurden zu Brachland. Aus diesem wiederum wurde Weideland für Schafe und Ziegen. Und die fressen bekanntlich alles außer Wacholder, und sie lassen auch die dazwischen wachsenden Silberdisteln, Schwalbenwurzpflanzen und Erikabüsche in Ruhe. Die haben zu stachelige Nadeln, als dass die Schafe das kratzige Grünzeug mit Genuss verzehren könnten.

So entstanden im Lauf der Jahrhunderte solch charakteristische Wacholderheiden, die durch ihre lichte Beschaffenheit oft Wohnräume für seltene Pflanzen und Tiere bieten. Orchideen, Enziane und seltene Schmetterlinge kann man auf diesen Flächen finden, weshalb sie meistens unter Naturschutz stehen.

Für das wichtige Offenhalten der Heide sind die Forstämter zuständig, aber es kommen Helfer und auch Schafe und Ziegen zum Einsatz (ehrenamtlich natürlich). Nicht nur die stacheligen Nadeln, auch die Beeren des Wacholders lassen die Schafe und Ziegen links liegen. Und das ist gut so, denn was wäre ein anständiger englischer Gin oder ein niederländischer Genever ohne den Geschmack der ätherischen Öle der Wacholderbeeren? Im Hunsrück wird vielerorts Schinken oder auch Forellenfilet über glimmendem Wacholderholz geräuchert.

Und falls man Kräuter für die Küche braucht, sind sie ebenfalls in der Heidelandschaft zu finden. Hier wachsen Wilder Majoran und Feldthymian. Die Blüten dieser »herbes d'Hunsrück« ziehen Hummeln und Bienen an, und so ist die Wacholderheide als Bienenweide auch für die Imker interessant. Ach ja, der deutsche Steinhäger benötigt ebenfalls Wacholderbeeren für seinen Geschmack. Na denn: Prost!

Adresse Hauptstraße, 55483 Krummenau | **Anfahrt** bei Hirschfeld von der B 327 auf die L 190 abbiegen Richtung Horbruch, dann Richtung Krummenau | **Tipp** Die Historische Schlossmühle, ein Restaurant und Hotel im Idarbachtal, stand ursprünglich 30 Kilometer abwärts. Dort abgetragen und hier wiederaufgebaut, ist es eines der schönsten Gasthäuser im Hunsrück (www.historische-schlossmuehle.de).

59___Der Zinnhannes

Ein Karnevalsorden für den Papst

Bei vielen Silvesterfeiern ist das Bleigießen zum festen Bestandteil des Abends geworden. Blei wird auf einem Löffel über einer Kerze erwärmt, bis es flüssig ist, und dann in eine Schale kalten Wassers gekippt. Aus der so entstandenen Figur werden dann die Zukunft und das persönliche Schicksal der Mitfeiernden im nächsten Jahr vorhergesagt. Wenn das Jahr gut läuft, bekommt man manchmal sogar einen Orden umgehangen, aus Zinn und aus Krummenau.

Im kleinen Ort am Fuß des Idarkopfes steht die Fabrik »Zinnhannes«. Seit Generationen werden hier in handwerklicher Tradition und moderner Technik Orden hergestellt. Nicht nur Massenware wird hier produziert, sondern es werden auch exklusive, individuelle Einzelstücke gefertigt. Benötigt der Präsident eines Vereins eine Kette, mit der er seine Wichtigkeit unterstreichen kann, kommt sie bestimmt vom Zinnhannes. 80 Jahre Vereinszugehörigkeit, da muss eine Anstecknadel ans Revers oder eine Krawattennadel an die stolz geschwellte Brust des Kameraden. Der Gewinner des Seifenkistenrennens bekommt einen blinkenden Pokal als Andenken aus Krummenau.

Ein anderer Schwerpunkt sind wertvolle Medaillen, die Menschen überreicht werden, die besondere Leistungen vollbracht haben, in Feierstunden immer wieder ein schöner Höhepunkt. Das Hauptgeschäft ist aber dem Karneval gewidmet, das geht gut in Rheinland-Pfalz, wo sich doch einige Hochburgen der Fastnacht, zum Beispiel Mainz, befinden. Man muss während der Fernsehsitzungen nur auf die vielen Orden der Elferräte und Büttenredner schauen. Genau: Krummenau.

Das Präsidium des Kölner Karnevals war 2011 mit dem Dreigestirn zur Generalaudienz beim damaligen Papst, der Präsident überreichte ihm ein Exemplar des Sessionsordens 2011. Für welche Rede Papst Benedikt XVI. den Orden bekommen hat, ist nicht bekannt, aber bekannt ist: Der Orden war vom Zinnhannes.

Adresse Hauptstraße 1, 55483 Krummenau | **Anfahrt** von der B 327 bei Hirschfeld abbiegen auf die L 190 Richtung Horbruch, auf der L 190 weiter, dann rechts nach Krummenau abbiegen | **Öffnungszeiten** Mo–Do 8–17 Uhr, Fr 8–16 Uhr | **Tipp** Von Krummenau aus führt ein Wanderweg zur Wahler Mühle in den Nachbarort Wahlenau, ein einmaliges Ambiente empfängt den Besucher.

60__Die Synagoge
Jüdisches Leben im Ort

Von einer Synagoge in Laufersweiler wird zum ersten Mal 1840 in einem Zeitungsartikel berichtet: »Bei dem großen Brand in Laufersweiler wurde die Synagoge der Israeliten gänzlich eingeäschert.«

Aus eigenen Mitteln und mit 100 geliehenen Talern ließ die jüdische Gemeinde eine neue Synagoge nach Art der alten bauen. Da sie mitten im Ort lag, wurde sie in der Pogromnacht 1938 »nur« innen verwüstet. In Brand gesetzt wie so viele andere Synagogen wurde sie nicht, denn die Furcht vor einem Feuer, das sich im Ort ausbreiten könnte, war dann doch zu groß.

1985 wurde die Synagoge unter Denkmalschutz gestellt und renoviert. Über der Tür steht in hebräischer Schrift: »Wie fein sind deine Zelte, Jakob, und deine Wohnung, Israel.« Im Erdgeschoss befindet sich eine Dauerausstellung über die Anfänge des jüdischen Lebens auf dem Hunsrück bis zum Ende: Mit der Deportation und Ermordung der Juden endet 1942 die Geschichte der jüdischen Gemeinde in Laufersweiler. An die 25 jüdischen Bürger von Laufersweiler, die in Konzentrationslagern umkamen, erinnert ein Bronzerelief in der Thora-Nische.

Einige hundert Meter weiter nordwestlich, außerhalb des Dorfes, liegt der jüdische Friedhof. Von einer hufeisenförmig angelegten Buchenhecke eingerahmt, sind hier 57 Grabsteine links und rechts des Kiesweges zu sehen.

Auf einigen der Grabsteine liegen kleine Steine. Das hat Tradition: Um in biblischen Zeiten die Gräber in der Wüste vor wilden Tieren zu schützen, bedeckte man sie mit Steinpyramiden. Die Namen der Verstorbenen stehen, zum Teil zweisprachig, auf den Grabsteinen.

Auf christlichen Friedhöfen werden nach einer gewissen Zeit die Gräber geräumt. Nicht so bei jüdischen Friedhöfen: Die Unantastbarkeit der Totenruhe ist eines der wichtigsten hebräischen Glaubensprinzipien.

Adresse Kirchgasse 33, 55487 Laufersweiler | **Anfahrt** von der B 327 abbiegen auf die L 190 nach Laufersweiler bis Kirchgasse | **Öffnungszeiten** Besichtigung nach Absprache unter Tel. 06763/910142 | **Tipp** Die Traumschleife »Kappleifelsentour« führt rund um den Ort und ist eine anspruchsvolle Wanderung mit idyllischen Stellen und traumhaften Ausblicken auf den Idarwald.

61__Der Flughafen

Ganz normal ist er nicht

Einfahrt Koblenzer Tor. An einem ehemaligen Kontrollhäuschen des Militärs vorbei, an dem die Schranke seit Jahren offen steht, fährt man auf das Gelände des Flughafens Hahn. Es geht an scharfem Stacheldraht vorbei. Haushoch gestapelte Bündel von Plastikmüll auf der linken Seite, aus ihm werden hier, in einer Fabrik, Ruhebänke und Zäune hergestellt. Die Fabrik befindet sich in einem ehemaligen Gebäudekomplex der amerikanischen Luftwaffe. Es riecht unangenehm. Weiter geht es auf einer mit tiefen Schlaglöchern übersäten Asphaltpiste. Früher war das einmal die Rollbahn der Kampfjets, heute ist es ein die Bandscheiben schüttelnder Holper-Parcours. Die Hangars links und rechts der Piste sind teilweise vermietet, eine Zimmerei lagert hier Holz und ein Bauer seine runden Strohballen. Ein Wachturm mit Eisentreppe neben einem geöffneten Hangar. Ein verrosteter Gastank, auf den Graffiti gesprüht sind. Am Golfplatz vorbei Tausende Autos auf den eingezäunten Parkplätzen. Dann geraten bröckelnde Wohnblöcke ins Blickfeld. Beim Weiterfahren bekommen sie allmählich wieder Farbe und Leben. Auf diesem Teil des Geländes ist die rheinland-pfälzische Polizeifachschule angesiedelt, mit Wohnheim, Sportplatz und Hörsälen. Das Rotorgeknatter eines Hubschraubers ist eine akustische Abwechslung zu den Düsentriebwerken der startenden Flugzeuge.

Ach ja, der Flughafen! Der ist ganz normal. Vor dem Abfertigungsgebäude Taxis und ankommende Autos, Menschen liegen sich in den Armen, verabschieden sich, freuen sich beim Wiedersehen. Im Innern des Gebäudes geht es zu den Flugsteigen A und B. Mehr gibt es nicht, Verlaufen ist schlecht möglich. Zwei Jugendliche schlafen in einer Ecke. Ein Reisender, aus England kommend, gerade gelandet, fragt ungläubig: »Bin ich hier nicht in Frankfurt?« – »Nein, Sie sind hier auf dem Hahn! Nach Frankfurt geht es da lang, zum Bus. Noch anderthalb Stunden Fahrt.« – »Oh, crazy!«

62__ Der Hunsrückring

Rasende Kinder und ehrgeizige Väter

Es ist die mit 1.257 Metern längste Kartstrecke in Rheinland-Pfalz. Seit 1998 gibt es die Anlage: der »Hunsrückring«. Hinter ihm steht Norbert Stumpf, der Erbauer der Strecke. Der Unternehmer sorgt für Rennatmosphäre am Flughafen Hahn.

Außergewöhnlich ist die Breite der Rennstrecke: Sind bei den meisten anderen Strecken die Bahnen fünf Meter breit, so sind es am Hunsrückring ganze acht Meter. Das bietet viel Raum für spannende Überholvorgänge, aber auch für diejenigen, die lieber etwas langsamer fahren wollen. An den Wochenenden bricht hier das Rennfieber aus. Viele der Miniflitzer sind im Fahrerlager aufgebockt, es wird geschraubt, es werden Reifen gewechselt, Kettenritzel und Teile ausgetauscht und vor allem Fachgespräche geführt: über den sauberen Kurvenausgang, der ein paar Zehntelsekunden bringt, über die richtige Betriebstemperatur der Gummimischung für die Reifen, über die Ideallinie und über den perfekten Bremspunkt. Der Geruch von Zweitaktern und Öl liegt in der Luft, und man hört ein jaulendes Geräusch, wenn die Umdrehungszahl im Stand getestet wird.

Blauer Qualm faucht aus dem Auspuff. Und dann geht's rein in den Schalensitz und raus aus der Boxengasse auf die Strecke. Einige Karts erreichen Geschwindigkeiten jenseits der 100 Stundenkilometer. Man sitzt ganz dicht über dem Asphalt, die Federung, hart wie ein Brett, ist nichts für Rückenleidende. Der Asphalt in den engen Kurven ist schwarz vom Abrieb der Reifen, alte Autoreifen rund um die Strecke mindern den Aufprall von manch ungewolltem Ausrutscher.

Die Zuschauer sitzen auf der Tribüne, und einige haben Stoppuhren in der Hand. An den Köpfen kann man sehen, welches Fahrzeug den Zuschauer interessiert: Geht der Kopf bei dem roten Kart mit, ist bestimmt der Sohnemann der Pilot. Und der stolze Vater träumt vielleicht von einer Karriere des Sohnes als Rennfahrer.

Adresse Gebäude 1003, 55483 Hahn-Flughafen | **Anfahrt** auf der B 327 abbiegen auf die L 194, nach 100 Metern rechts abbiegen, Koblenzer Tor, dann nach 200 Metern links zum Hunsrückring | **Öffnungszeiten** März–Okt. Mi–So 10–19 Uhr; Nov.–Feb. Fr–So 10 Uhr–Einbruch der Dunkelheit, Infos unter www.hunsrueckring.de | **Tipp** In Sohren lohnt sich der Besuch des Landgasthauses »Schinderhannes« in der Schlossstraße 3. Ein Gastraum hat das Ambiente einer Räuberhöhle, und auch die Speisekarte verweist mit vielen Gerichten auf den legendären Räuberhauptmann (www.hotel-schinderhannes.de).

63__ Das Kirchenprojekt

Gotteslob in der Autowerkstatt

Das helle, eingeschossige Gebäude steht auf dem Gelände des Flughafens Hahn. Als die Amerikaner noch da waren, diente es als Lagerhalle und Autowerkstatt. Als Erkennungszeichen für eine Autowerkstatt wäre ein Stern passend oder eine Raute, aber über dem Gebäude hängt – zwischen zwei hohen Tannenbäumen – ein großes beleuchtetes Kreuz.

Aus dem Reparaturbetrieb ist eine Art Kirche geworden. An der Wand des Gebäudes hängt weithin sichtbar ein Banner: »Crossport to Heaven, open for all.« Nach diesem Motto laden Jugendliche ihre Altersgenossen hierher ein. Im Eingangsbereich befindet sich eine Rezeption, Prospekte liegen aus, in denen steht, was man als Jugendlicher hier in der Region alles unternehmen kann. Ein Schild an einer halb offenen Tür: »Probenraum«, Gitarrenklänge sind zu hören. Diffuses Licht fällt durch die bunt bemalten Fensterscheiben im nächsten, mit Kirchenbänken versehenen Raum. Hier brennen Kerzen, es ist ein Ort der Stille. Angedacht ist, ihn in Zukunft ähnlich wie eine Autobahnkirche zu nutzen, als Flughafenkapelle für Passagiere. Im nächsten Zimmer liegen Matratzen und Isomatten auf dem Boden, ein Ruheraum. Noch ruht hier keiner, denn die Veranstaltungen sind noch nicht zu Ende. Gitarren-, Koch- und Tanzkurse werden angeboten, chatten und spielen kann man und natürlich auch beten, auf Neudeutsch: die Handflächen aneinanderlegen und so ein Wunder downloaden.

Zentraler Ort der Jugendkirche auf dem ehemaligen Flugplatz der Amerikaner ist aber die große ehemalige Wartungshalle. Bunte Tücher und Flaggen aus verschiedenen Ländern und Kontinenten hängen unter der Decke und verhüllen die blechernen Lüftungsrohre und Kabelleitungen. In Hufeisenform sind Stühle und Papphocker aufgestellt, und vorn, unter einem Lichtgerüst, ist ein Altar aufgebaut. Alles ist Handarbeit, von den Jugendlichen selbst geplant, entworfen und gebaut, immer wieder werden die Räume neu gestaltet. Und wem das alles zu fromm ist: Abends findet noch eine LAN-Party statt.

Adresse Gebäude 1401, 55483 Lautzenhausen | **Anfahrt** von der B 327 Richtung Flug-
platz Hahn fahren, links zum Tor Mainz abbiegen, Parkmöglichkeit vor dem Gebäude |
Öffnungszeiten und Infos zu Veranstaltungen unter www.kathjugend.de | **Tipp**
Unternehmen Sie eine Rundfahrt durch den ehemaligen Ort Scheid zur Polizeifachschule:
Sie kommen an typisch amerikanischen Kasernen und Schulbauten vorbei.

64__ Der Bienenlehrpfad
Einstein irrte

Eigentlich wollte Familie Schmahl ein altes Fachwerkhaus im Hunsrück kaufen, um eine Imkerei zu betreiben, aber mitten im Dorf?
Bienen stechen, das tut weh, das weiß jeder. Es hätte Ärger gegeben.
Aber dann fand die Familie einen Rohbau am Ortsrand von Lin-
denschied. Im Haus riecht es gut nach Wachs, gerade werden die
entdeckelten Waben in einem Gerät erwärmt, das Wachs wird flüssig und dann zu Kerzen und kleinen Figuren gegossen. Schmahls
haben den vermutlich größten Wachszoo im Hunsrück. Vom Bär bis
zum Igel, vom Schwein bis zur Maus, sie gießen diese Figuren selbst,
aber irgendwie sind diese lustigen Wachskerzen fast zu schade zum
Anzünden. Ein Bienenlehrpfad führt durch den Garten, in dem die
Bienenkästen aufgestellt sind. Wenn im Frühling der Raps blüht, ist
das Summen in den Kästen enorm. Schulklassen und Gruppen können eine interessante Führung erleben. Man erfährt zum Beispiel,
dass Honig schon bei den griechischen Olympischen Spielen als Do-
pingmittel eingesetzt wurde. Honig galt als die Speise der Götter,
schon die Steinzeitmenschen kannten ihn; er war damals das einzige Süßungsmittel.

»Wenn die Biene einmal von der Erde verschwindet, hat der
Mensch nur noch vier Jahre zu leben. Keine Bienen mehr, keine Be-
stäubung mehr, keine Pflanzen mehr, keine Tiere mehr und kein
Mensch mehr.« Dieses Zitat wird Albert Einstein zugeschrieben,
aber Wissenschaftler zweifeln, ob diese Worte wirklich von ihm
stammen, denn der kluge Mann wusste bestimmt, dass es vor der
Entdeckung Amerikas durch Christoph Kolumbus auf dem fernen
Kontinent schon Tausende von Jahren Menschen, aber keine Bienen
gegeben hat. Erst durch die Entdecker kam die Biene nach Amerika. Herr Schmahl hat genug davon, 100 Bienenvölker arbeiten für
ihn. Im alten Ägypten war ein Topf Honig so viel wert wie ein Esel,
Herr Schmahl würde also eine ganze Herde Esel auf der Wiese stehen haben.

Adresse Im Steinborn 4, 55481 Lindenschied | **Anfahrt** die E 42 in Kirchberg verlassen, auf der B 421 weiter bis Dickenschied, im Ort rechts ab nach Lindenschied, erste Straße links abbiegen in die Straße Im Steinborn | **Öffnungszeiten** Do, Fr 9–12 Uhr und 15–18 Uhr, Sa 9–13 Uhr | **Tipp** Der Skulpturenweg im Nachbarort Dickenschied ist zwar etwas in die Jahre gekommen, aber noch stehen interessante Kunstwerke in der Natur. Parkplatz an der Grillhütte benutzen.

65_ Die Arme-Seelen-Kapelle

Dem Spuk ein Ende setzen

Arme Seelen sind nach katholischer Tradition im Fegefeuer. Dort erleiden sie die gleichen Qualen wie die Verdammten in der Hölle. Allerdings hat man als arme Seele die berechtigte Hoffnung, nach einer gewissen Zeit der Läuterung in den Himmel zu kommen. Es gibt aber auch Seelen, die nicht in den Himmel wollten, denn er war für sie die Hölle. »Himmel«, so hieß nämlich eine der elf Lützer Schiefergruben, in der sich seltsame Geschichten zugetragen haben sollen.

Die Dachschiefergewinnung prägte lange Zeit die Geschichte des im Vorderhunsrück gelegenen Ortes Lütz. Zwischen 1900 und 1910 arbeiteten mehr als 100 Bergleute in den Stollensystemen in der Lützer Gemarkung, und es herrschten gefährliche Arbeitsbedingungen unter Tage. Der Lohn war äußerst bescheiden für die Knochenarbeit, und eine Geschichte erzählt, warum in der Nähe der Grube »Himmel« ein Heiligenhäuschen steht: Ein Steinbrecher war dem lieben Gott böse, weil er arm war, obwohl er so schwer schuften musste. Um über die Runden zu kommen und für seine Familie zu sorgen, ging er auch an Sonn- und Feiertagen in die Grube. Bei der Arbeit an so einem Sonntag löste sich ein großer Stein aus der Decke und erschlug den Mann. Als später sein Kumpel an der Unglücksstelle vorbeikam, sah er, wie dort ein flackerndes Licht im Schacht tanzte. Er erzählte es den Dorfbewohnern, und sie gingen zur Grube, um sich die gespenstische Lichterscheinung anzusehen. Schnell war klar, worum es sich handelte: Das musste die arme Seele des Steinbrechers sein, die keine Ruhe fand und hier unten herumirrlichterte. Der Grubenbesitzer wusste Rat, er ließ gegenüber dem Stolleneingang der Grube »Himmel« eine Arme-Seelen-Kapelle bauen. Die Dorfbewohner halfen kräftig mit, und am Tag der Einweihung verschwand tatsächlich das Irrlicht im Bergwerk, die arme Seele hatte ihre Ruhe gefunden und der Spuk ein Ende.

Adresse Hauptstraße, 56290 Lütz | **Anfahrt** die B 327 in Kastellaun verlassen, auf die L 108 Richtung Treis-Karden wechseln, dann nach rechts auf die K 37 abbiegen, parken vor dem Ort | **Tipp** Der sehenswerte Schiefergrubenwanderweg im Ort führt sieben Kilometer an verlassenen Schieferabraumhalden vorbei, die sich zu wichtigen Trockenbiotopen entwickelt haben (www.schiefergrubenweg.de).

66_ Die Intarsien

Holzwürmer sind hier fehl am Platz

Ein kleines Schild hängt an Herrn Echtermanns Haus. Ein Auto, auf das Intarsien gemalt sind, steht davor. Ein kleines Haus in einem Garten: Hier soll das in Europa einzigartige Intarsien-Museum sein?

Man betritt den Raum und wundert sich. Wo sind die großen Maschinen, die Sägen, Schleifen und Hobelbänke, die man sonst in einer Schreinerwerkstatt vermutet? Stattdessen liegen kleine Messer, dünne Holzfurniere in allen Farben und gezeichnete Entwürfe auf dem Tisch. Dann öffnet Herr Echtermann die Tür zur Ausstellung, und man wundert sich zum zweiten Mal, aber dieses Mal richtig, der Ausstellungsraum ist wirklich groß. Man betritt eine andere Welt, in der zuerst der Geruchssinn geweckt wird, es riecht angenehm nach Holz. Dann wissen die Augen einen Moment lang nicht, wo sie anfangen sollen, diese Vielzahl an Ausstellungsstücken zu sortieren. An den Wänden hängen Intarsienarbeiten mit phantasievollen Formen, es sind ausdrucksstarke Holzarbeiten, die alle Unikate sind. Kunstvolle, kaleidoskopähnliche Muster sind in letzter Zeit entstanden, unnachahmlich und einzigartig.

Holz ist für Herrn Echtermann nicht nur ein Material, sondern sein Leben. Als er damit begann, sich künstlerisch mit Holz auseinanderzusetzen, merkte er schnell: Einlegearbeiten waren einfach sein Ding. Die Farbenpracht seiner Arbeiten beruht auf verschiedenen Hölzern aus der ganzen Welt. Sie werden aber weder gebeizt noch gefärbt. Rottöne stammen von Mahagoni und Rosenholz, Brauntöne vom einheimischen Nussbaum, gelbe Farben von Eibe und Esche, es werden auch schwarze Hölzer wie Ebenholz verwendet.

Etwas ganz Besonderes ist ein Grauton in einem seiner Werke, er stammt von einem Hunsrücker Baum. Durch einen Granateinschlag im letzten Krieg, von dem man noch Metallteile sehen kann, haben sich im Baum graue Schmauchspuren entwickelt, die dem Werk ein neues Farbenspiel verleihen.

Adresse Tannenweg 15, 56283 Mermuth | **Anfahrt** im Kreisel Emmelshausen von der B 327 auf die L 206 Richtung Gondershausen, nach diesem Ort rechts nach Mermuth abbiegen | **Öffnungszeiten** Mo–So und Feiertage 10–18 Uhr, Infos zu Kursen unter www.intarsien.de | **Tipp** Der Stadtpark in Emmelshausen mit dem von Seerosen bewachsenen Weiher, dem alten Baumbestand und seiner Orchestermuschel ist eine Oase der Ruhe.

67_Das Heimatmuseum

Nichts wie weg hier

Die Mittelstrimmiger Mühle wurde 1949 als elektrische Genossenschaftsmühle in Eigenarbeit gebaut. Jeder Bauer durfte hier sein Getreide mahlen, war sein eigener Müller. Aber 1978 hatte es sich »ausgemüllert«, man richtete ein Heimatmuseum ein und gab damit der ehemaligen Mühle eine neue Verwendung. Neben den Gerätschaften der alten Mühle sind Werkzeuge für die Flachsverarbeitung zu sehen, auch eine Schusterwerkstatt wurde eingerichtet.

Interessant ist ein Artikel im Museumsfaltblatt über die Auswanderer im 19. Jahrhundert. Was müssen die Menschen damals verzweifelt gewesen sein, um eine solche Entscheidung zu treffen! Es war ja schon eine Weltreise, wenn man vom Vorderhunsrück nach Trier fahren wollte. Aber erst nach Amerika oder sogar Brasilien? Eigentlich unvorstellbar, aber wenn man nicht weiß, wie man seine Kinder oder auch sich selbst satt bekommen soll, sieht man die Auswanderung in ein gelobtes Land als letztes Mittel, um einen Neuanfang zu wagen.

Ausgelöst durch eine Art Klimakatastrophe, erfolgte im 19. Jahrhundert eine Missernte nach der anderen. Jahrelang war es zu heiß und zu trocken. Dann machte eine Mäuseplage das Saatgut zunichte, es folgte die Kartoffelfäule, und das wichtigste Grundnahrungsmittel stand nicht mehr zur Verfügung. Es war eine Hungersnot, die über weite Teile des Hunsrücks hereinbrach. In den 20er Jahren des 19. Jahrhunderts kam es zu einer regelrechten Auswanderungswelle: Durch die Versprechen der brasilianischen Regierung – Steuerbefreiung, kostenloses Land – wanderten Tausende Hunsrücker aus. Viele Familien wurden in Südamerika sesshaft, und da man sie vonseiten der brasilianischen Regierung sich selbst überließ, entstand eine starke Gemeinschaft, in der die Siedler sich gegenseitig halfen und meistens unter sich blieben. Die Nachkommen der Auswanderer sind übrigens heute noch stolz darauf, »hunsbuckelig zu schwätze«.

Adresse Museumstraße 1, 56858 Mittelstrimmig | **Anfahrt** beim Ort Kappel die B 327 verlassen, auf der L 421 bis Abzweig Blankenrath, dann auf der L 202 nach Mittelstrimmig fahren, von der Hauptstraße auf die Museumstraße links abbiegen | **Öffnungszeiten** Mai–Sept. So 14.30–16.30 Uhr und nach Vereinbarung | **Tipp** Die Traumschleife »Layensteig« sollte nur von schwindelfreien und trittsicheren Wanderern begangen werden. In der Mitte des Steiges sind sogar einige Stellen, die nur mit Leitern überwunden werden können.

68__ Die Energielandschaft
Eine Stadt versorgt sich selbst

Bis zum Jahr 1990 war es rund um Morbach sehr gefährlich, ganz in der Nähe befand sich das größte Munitionslager der Amerikaner in Europa. Auf dem 142 Hektar großen Gelände, das ab 1972 der Hahn Air Base unterstellt war, lagerten Tausende von Bomben und millionenfach Munition in Bunkern. Dann vertrugen sich die Amis wieder mit den Russen, der Kalte Krieg war vorbei. Die Amerikaner gingen nach Hause, nahmen alle Waffen und Munitionskisten und auch fast alle Bomben wieder mit und gaben das Areal der Stadt Morbach zurück. Ein bisschen verändert war es allerdings schon: In dem ehemaligen Waldgebiet gab es jetzt 19 Kilometer asphaltierte Straße, 144 betonierte Bombenlagerplätze und zwölf dicke Beton-erdbunker.

Was nun? Was tun? Was sollte man mit einem solchermaßen hinterlassenen Gelände anfangen? Eine Idee war, das Terrain touristisch zu nutzen, sie wurde aber dann zugunsten einer anderen Lösung verworfen. Kein Freizeitpark, sondern ein Energiepark sollte entstehen, und zwar so nachhaltig wie irgend möglich.

Heute stehen 14 Windräder in der Energielandschaft Morbach und liefern Strom für circa 12.000 Haushalte. Dazu kommen eine Photovoltaikanlage, die ebenfalls Strom erzeugt, und eine Biogasanlage. Etwa 15 Landwirte sorgen für Nachschub in dieser Anlage und bringen unter anderem Gülle, Silage, Gras und Getreidepflanzen zum Gären vorbei. Das so gewonnene Gas treibt ein Blockheizkraftwerk an, das wiederum Strom und Wärme liefert, die im benachbarten Gewerbegebiet benötigt werden, um unter anderem Pellets herzustellen. Morbach ist heute energieautark. Nach dem Reaktorunglück von Fukushima kam eine Delegation aus Japan in die kleine Hunsrückstadt. Sie besichtigte das Gelände und kam zu dem bombensicheren Entschluss: Wir verzichten in Zukunft auf die Atomkraft und bauen uns auch so eine Energielandschaft. Morbach macht Schule.

Adresse Energielandschaft, 54497 Morbach | **Anfahrt** in Morbach von der B 327 auf die B 269 Richtung Longkamp wechseln, nach 2 Kilometern links zur Energielandschaft abfahren | **Öffnungszeiten** Führungen werden ganzjährig nach Voranmeldung unter Tel. 06533 / 701 durchgeführt | **Tipp** Mehr als nur ein Schwimmbad ist das Erholungs- und Gesundheitszentrum in Thalfang. Öffnungszeiten Di−So 15−22 Uhr.

69__Der Ortelsbruch

Schaurig-schöne Moorgeschichten

Langsam sinkt er ein, ein Schuh ist schon im zähen Morast verschwunden, es gluckert und gluckst, der Fuß ist schon nass und kalt. Schmutzig braunes Moorwasser umschließt den armen Menschen und zieht seinen Körper langsam immer tiefer in den Schlamm. Durch dichten Nebel im Wald vom Wege abgekommen, hat er sich ins Moor verirrt. Bald steht ihm die braune Brühe bis zum Hals, noch sind seine Hände hilfesuchend nach oben gestreckt, aber er sinkt immer schneller, umwabert von Nebelfetzen. Dann zum Geheule eines wilden Hundes oder Wolfes ein letzter Hilfeschrei. Ein schreckliches Gurgeln, braune Blasen zerplatzen, weg ist der Arme, ertrunken im Hochmoor. Ein Rabe krächzt, das war's. So schaurig stellt man sich das Moor vor.

Jahrhundertelang fürchtete der Mensch das Moor, man ging nicht hinein, wenn man nicht musste. Es dauerte lange, bis die Menschen lernten, mit dem Moor etwas anzufangen, es zu entwässern, um Landwirtschaft auf dem neu gewonnenen Boden zu betreiben. Oder um Heizmaterial, den Torf, aus ihm zu gewinnen.

Rund um Morbach, der Name sagt es schon, sind im Lauf der letzten 9.000 Jahre einige Moore entstanden. Am wasserreichen Südhang des Idarwaldes bildeten sie sich, heute kann man sie gefahrlos betreten. Der Ortelsbruch ist als Naturschutzgebiet ausgewiesen, um die Quellmoore (Brüche) an der mittleren und unteren Hangkante des Idarwaldes zu schützen und zu erhalten. Zwei Holzstege führen den Besucher trockenen Fußes durchs Moorgelände, und er kann die enorme Artenvielfalt einer Moorlandschaft bestaunen. In diesem typischen Mittelgebirgs-Hangbruch wachsen besondere Pflanzen, und es gibt seltene Tiere. Der »Weg durchs Moor« ist der einzige Lehrpfad dieser Art im Naturpark Saar-Hunsrück, er wird deshalb auch von vielen Schulklassen besucht. Der Ortelsbruch ist kein Ort für Schauergeschichten mehr, sondern ein wunderschönes Erholungsgebiet erster Klasse.

Adresse Hochwaldstraße, 54497 Morbach | **Anfahrt** von der B 327 auf die L 160 Richtung Bruchweiler fahren, nach 2 Kilometern rechts zum Parkplatz abbiegen | **Tipp** Die historische Ölmühle ist nach ihrer Restaurierung ein Schmuckstück geworden, Besichtigung nach Absprache mit der Touristinformation Morbach unter Tel. 06533 / 71117.

70__Die Telefone

Paradies für Quasselstrippen

»Das Pferd frisst keinen Gurkensalat.« Unglaublich, dieser Satz ist der erste jemals durch ein Telefon übertragene Satz! Philipp Reis, der Erfinder des Telefons, soll ihn durch eine Art Mikrofon gesprochen haben. Er war Physiklehrer und baute um 1860 aus einer Wursthaut, die das menschliche Trommelfell darstellen sollte, einer Stricknadel, einer Magnetspule und einer Holzkiste das erste Telefon. Die Schwingungen der Wursthaut wurden auf eine Platinplatte übertragen, die das Gehörknöchelchen darstellen sollte. Ein angeschlossener Gleichstrom wurde durch den Rhythmus der Schallwellen unterbrochen, so konnten Töne in elektrische Signale umgewandelt werden. Die Stricknadel war mit einem Resonanzkörper verbunden, in diesem Fall mit der Holzkiste, aus der dann der geistreiche Satz kam: »Das Pferd frisst keinen Gurkensalat.«

Im Deutschen Telefon-Museum Morbach werden die Apparate und die Geschichte der Telefonie auf zwei Stockwerken erklärt. Das ist Geschichte, Telefongeschichte zum Anfassen. Die Entwicklung des Fernsprechwesens mit all seinen Facetten kann man hier auch interaktiv erfahren; viele der Exponate aus den verschiedenen Epochen sind mit den jeweiligen zeitlich zugehörigen Vermittlungseinrichtungen verbunden. Alle Apparate sind frei zugänglich, der Besucher kann sich in Bild und Ton über die Geschichte der elektrischen Kommunikation von den Anfängen bis heute informieren. Eine unglaubliche Vielfalt an Geräten ist hier zu sehen: Wandapparate, Standapparate, Kurbeltelefone und Designtelefone. Auch zu hören gibt es viel: »Falsch verbunden«, Zeitansage, Kinoansage, Pegelansage, »Leitung besetzt«, Klingeltöne, Morsezeichen, »dieser Anschluss ist vorübergehend nicht erreichbar, bitte rufen Sie die Auskunft an«.

Die Sammlung in Morbach ist die umfangreichste ihrer Art in Deutschland, sie wurde sogar ins Guinnessbuch der Rekorde aufgenommen.

Adresse Jugendherbergstraße 25, 54497 Morbach | **Anfahrt** von der B 327 abfahren, ab Morbach-Stadtmitte ist das Museum ausgeschildert | **Öffnungszeiten** Di–Sa 14–17 Uhr, So, Feiertage 10.30–17 Uhr | **Tipp** Eine Fahrt mit der Hochwaldbahn von Morbach nach Büchenbeuren und zurück eröffnet ganz neue alte Reiseperspektiven (www.hochwaldbahn.de).

71__Das Künstlerdorf
Kaffee, Kuchen, Gartenkunst

Was ist das für ein Ort? Egal, aus welcher Richtung man in das Dorf Hinzerath hineinfährt, überall stehen Kunstwerke. Am Bahnübergang eine moderne Installation. Auf einem Gerüst neben der Straße überdimensionierte, verrostete Schemel und Stühle aus Stahl. Ein blaues, aufrecht stehendes Ruderboot, an dem zwei Paddel lehnen. Auf der oberen Etage des Gerüsts ein Blumenstrauß aus Plastik. Neben der Installation steht ein kleiner Schaufelbagger, daran ein verblasstes Pappschild: »Heute Flohmarkt. Alles zu verkaufen«. Ach so. Ist gar keine Kunst.

Mitten im Ort ist eine Wiese, die mit Kieskreisen ausgelegt ist, Skulpturen sitzen auf Baumstämmen, und anscheinend diskutieren sie, ihre ausladenden Handbewegungen deuten auf ein lebhaftes Gespräch hin. Schräg gegenüber das »Café Pause«. Die Künstler Bruni Kluß und Rüdiger Luckow wohnen und arbeiten hier. Sie betreiben das urgemütliche Café, in dem es selbst gebackenen Vollwertkuchen und Brote mit Hunsrücker Schinken gibt. Manchmal finden in der Kaffeestube literarische oder auch musikalische Frühstücke statt. Auch die Kombination literarisch-musikalisches Frühstücken wird angeboten.

Doch nicht nur das Café, sondern auch der Garten hinter dem Haus ist sehenswert. Überall stehen und hängen Kunstwerke, aus gebranntem Ton, aus Metall und geschnitztem Holz, einige sind schon Teil des Gartens geworden, überwuchert zwar, aber man merkt die ordnende Hand, die dafür sorgt, dass man auf verschlungenen Wegen den Garten begehen kann. Von gelben Schwertlilien umstanden plätschert ein Springbrunnen im kleinen Teich. Fast wöchentlich werden Yoga-, Töpfer- und Schnitzkurse angeboten. Einmal im Jahr wird der große Garten neben dem Kreativhaus zum Kunstpark. Dann stehen hier unter Sonnenschirmen Staffeleien auf der Wiese, und viele kreative Menschen kommen zusammen zum Malen, Töpfern, Schnitzen und Musizieren.

Adresse Striegelsbungert 6, 54497 Morbach-Hinzerath | **Anfahrt** von der B 327 Abfahrt auf die L 159, im Ort zweite Straße rechts auf den Striegelsbungert abbiegen | **Öffnungszeiten** Di–Sa 14–18 Uhr, So, Feiertage 12–19 Uhr | **Tipp** Der Wanderweg »Traumschleife Land-Zeit-Tour« beginnt mitten im Ort und besteht aus einer Kombination aus Skulpturen, Infotafeln und der Burgruine Baldenau.

72 Die Wasserburg

Seerosen und Kois im Mittelgebirge

Die Burg Baldenau wurde als Grenzfeste errichtet. Balduin, Kurfürst und Erzbischof von Trier, ließ sie zum Schutz seines Territoriums erbauen und um den Sponheimer Grafen zu zeigen: bis hierher und nicht weiter. Im Dreißigjährigen Krieg wurde die Burg wie so viele andere zerstört, aber 1649 wieder instand gesetzt. Man dachte sogar daran, an dieser Stelle eine Stadt zu gründen, der Plan wurde aber nicht realisiert. Burg Baldenau war Mittelpunkt des kurtrierischen Amtes, von hier aus wurden die umliegenden Ortschaften verwaltet. Endgültig zerstört wurde sie dann von französischen Truppen des Sonnenkönigs Ludwig XIV.

Wenn man sich von Hundheim aus auf der K 22 der Ruine nähert, liegt das alte graue Gemäuer malerisch inmitten von grünen Wiesen, und man fühlt sich an Irland erinnert. Im Hintergrund der Idarwald mit seinen dunklen Fichten. Beim Näherkommen fällt der Turm auf, er ist riesig im Vergleich zum Grundriss der Burg. 25 Meter hoch ist er und damit einer der höchsten Burgtürme im Hunsrück.

Aber das Erstaunlichste ist der Wassergraben. Rund um die Burganlage läuft ein mit Wasser gefüllter Graben. Und das im Hunsrück und obwohl die Burg 481 Meter hoch liegt. Gespeist wird er von der Kleinen Dhron, einem Bach, der aus einem Moorgebiet kommt. Über eine hölzerne Brücke gelangt man zur Ruine. Seerosen schwimmen auf dem Wasser und zwischen und unter ihnen rote Fische, tatsächlich Kois. Die Burganlage hat die Form eines Keils, sie ist etwa 50 Meter lang und circa 20 Meter breit. Der wuchtige dreiteilige Turm steht an der Südwestspitze und hat den stattlichen Durchmesser von zehn Metern. In den Turm konnte man nur gelangen, wenn man die Hocheingänge in zwölf Metern Höhe benutzte. Auch als Freilichttheater wurde die Baldenau schon genutzt, die Theatergruppe Hinzerath führte ein historisches Stück in historischen Mauern auf.

Adresse 54497 Morbach-Hundheim | **Anfahrt** bei Hundheim von der B 327 abbiegen, im Ort der Beschilderung Baldenau folgen | **Tipp** Das Morbacher Telefon-Museum in der Jugendherbergstraße 25 ist für alle Quasselstrippen sehenswert, Öffnungszeiten Di−Fr 14−17 Uhr, Sa, So 10.30−17 Uhr (www.deutsches-telefon-museum.eu).

73_ Das Bauernhofcafé

Die good Stuff

Ganz früher, also etwa vor 60 Jahren, wurden in den Dörfern auf dem Lande nicht immer alle Wohnräume geheizt. Die Küche war zwar warm, weil gekocht wurde, oft auf einem großen, mit Holz befeuerten Herd. Die Schlafzimmer jedoch wurden nur in grimmigen Wintern etwas geheizt, Schlafen bei offenem Fenster galt als gesund. Auch das Wohnzimmer, die gute Stube, wurde geschont, von der Wärme verschont. Es war vielleicht Sparsamkeit, vielleicht sah man aber auch die Notwendigkeit nicht, die »good Stuff« zu heizen, denn die Küche war ja schließlich Dreh- und Angelpunkt der Familie. Nur an hohen Festtagen wurde in der guten Stube Feuer gemacht, meistens an Weihnachten, wer wollte schon im Kalten seine Geschenke auspacken?! Bei Familienfeiern im Winter wurde dann noch einmal eingeheizt und vielleicht noch an Ostern, aber nur, wenn es draußen noch richtig kalt war.

Im Bauernhofcafé in Hunolstein gibt es auch eine »gute Stube«, die war aber früher mal ein Esszimmer. Als dort vor einigen Jahren das erste kleine Café eröffnet wurde, kamen zuerst nur ein paar Gäste, denen es dann aber so gut gefiel, dass sie immer wiederkamen und es auch weitersagten.

Irgendwann kamen so viele Gäste, dass die Gastgeber ihr eigenes Esszimmer zur Verfügung stellten und zum ersten Mal an eine Vergrößerung des Cafés dachten. Das Esszimmer wurde schließlich in das neue Café integriert; mit alten Holzmöbeln und herrlichen Bildern an der Wand wurde es zu einem gemütlichen Raum, zu einer »guten Stube«. Zum Kaffee gibt es selbst gebackenen Kuchen, wer es gern deftiger mag, bestellt sich eine Vesper mit Fleisch und Wurst von Tieren des Hofs. Aus Beeren aus dem eigenen Garten werden Marmeladen und Gelees hergestellt, von den umliegenden Streuobstwiesen kommt das Geistreiche. Was nicht selbst erzeugt werden kann, wird bei der Initiative »Ebbes von hei« besorgt, was heißt: »Etwas von hier«, aus der Region.

Adresse Hunolstein 2, 54497 Morbach-Hunolstein | **Anfahrt** beim Oderter Haus von der B 327 auf die K 99 abbiegen, vor dem Ort der Beschilderung »Bauernhofcafé« folgen | **Öffnungszeiten** Mi–So 11–19 Uhr | **Tipp** Vom Hof aus kann man einen Spaziergang zur Ruine Hunolstein machen. Von der Felsspitze aus geht der Blick weit ins Dhronbachtal hinein.

74__ Das Belginum

Diese Gräber haben es in sich

Was würden wir heute sagen, wenn bei einer Bestattung dem lieben Verstorbenen sein Auto mit ins Grab gegeben würde? Unvorstellbar? Vor 2.000 Jahren war das üblich. Natürlich kein Auto, aber in einem keltischen Grab hat man einen Fürsten gefunden, der zusammen mit seinem vierrädrigen hölzernen Wagen begraben wurde. Auf dem Gräberfeld am Belginum wurden sensationelle Funde gemacht, mit denen man den Verstorbenen ein Gesicht geben konnte. Denn die Gräber haben es in sich: Man hat Waffen, Schmuck und Geschirr gefunden. Bei vielen Grabbeigaben zeigen die Gegenstände, welchen Beruf der Bestattete zu Lebzeiten hatte. Sogar das Besteck eines Zahnarztes wurde in einem der Gräber gefunden.

Der Archäologiepark Belginum ist ein Museum. Es wurde nach dem römischen Dorf, dem »Vicus Belginum«, benannt, das einst hier an der Fernstraße von Mainz nach Trier stand. Im Museum, das genau an dem Ort steht, wo früher das Dorf war, erfährt man, wie das Leben damals funktionierte. Anhand von Originalfunden wird gezeigt, was und wie die Menschen hier arbeiteten. Auch wie die Wasserversorgung funktionierte, ist anschaulich dargestellt, und vor allem, wie die damaligen Bewohner mit ihren Toten umgingen. Das hat sich im Lauf der Jahrhunderte, in denen das Dorf bewohnt war, immer wieder geändert, die Sitten und Gebräuche bei den Bestattungen haben variiert, Erd- und Feuerbestattungen haben sich abgewechselt.

Oft gab man den Toten auf ihrer letzten Reise auch etwas zu essen und zu trinken mit. Die Gefäße, in die die Gaben hineingelegt wurden, lassen auf große Handwerkskunst schließen. Aber auch von dem, was man als Wegzehrung mitgab, ist noch etwas erhalten. Ein schwarzes rundes Etwas mit einem Loch in der Mitte, etwa zwei Zentimeter groß, ist ein Plätzchen, ein Keks aus der Römerzeit. Die Wissenschaftler haben herausgefunden, dass es ein Haferkeks war, der »De Beukelaer« der Römerzeit.

Adresse Keltenstraße 2, 54497 Morbach-Wederath | **Anfahrt** Abfahrt von der B 327, wenn die Hinweisschilder »Belginum« auftauchen | **Öffnungszeiten** 26. März–3. Nov. 10–17 Uhr, weitere Infos unter www.belginum.de | **Tipp** Ein Besuch beim »Zauberbrunnenhersteller« kurz vor dem Bahnübergang in Hinzerath ist eine interessante Sache. Das Plätschern der Brunnen wirkt entspannend und beruhigend (Belginumstraße 67, www.zauberbrunnenschale.de).

75__ Das Holzmuseum

Auf dem Holzweg

Weiperath – ein kleiner Ort und eigentlich nichts Besonderes, wenn das alte Schulhaus nicht wäre. Ein besonderer Bau, architektonisch interessant, und das ist Herrn Schinkel, dem berühmten Berliner Architekten, zu verdanken. Einer seiner Schüler entwarf dieses Schulhaus 1844/45 mit klassizistischen Elementen.

Durch einen mehrere Meter hohen, in der Mitte durchgeschnittenen Baumstamm betritt man das Museum. Mit allen Sinnen wird hier Holz erlebt, zum Beispiel mit dem Geruchssinn: Wie riecht Birke, wie Buche, wie kann ich Eichengeruch erkennen? Tief taucht die Nase in mit Holzschnitzeln gefüllte Gläser. Aber Holz klingt auch gut, an einem Xylophon demonstriert das ein Mitarbeiter, indem er mit einem Klöppel eine Tonleiter und dann sogar ein Kinderlied spielt.

Kinder können mit Hanni Holzwurm, dem Maskottchen des Museums, eine Museumsrallye machen und im Holzspielraum mit der großen Holzkugelbahn und anderen Spielsachen aus Holz spielen.

Wie ein roter Faden zieht sich die Verwandlung des Baumes durch die Ausstellung. Vom Fällen des Baumes über die Verarbeitung bis hin zu seiner vielfältigen Verwendung wird jeder einzelne Schritt anschaulich und interessant dargestellt. Beim Rundgang kommt auch die Geschichte der Holzindustrie rund um Morbach nicht zu kurz. Anhand von Schautafeln bekommt der Besucher schnell einen Einblick in den vielfältigen Werkstoff Holz. Und mittels sorgfältig ausgesuchter Exponate, zum Beispiel kunstvoll bemalter Hutschachteln aus dem vorigen Jahrhundert, geschnitzter Kruzifixe, Holzschuhen und dem Verpackungsmaterial Holzwolle, kann man die ganze Bandbreite der Holzprodukte sehen. Eine komplett eingerichtete Stellmacherwerkstatt ist ebenfalls zu besichtigen. Schmuckstück ist die immer noch funktionierende Horizontalgattersäge aus dem Jahr 1920, die laut ratternd große Baumstämme in Längsrichtung zur Herstellung von Brettern und Balken auftrennt.

Adresse Weiperath 79, 54497 Morbach-Weiperath | Anfahrt von der B 327 auf der K 99
nach Weiperath bis zur Nummer 79 | Öffnungszeiten 3. April–31. Okt. Di–Sa 14–17 Uhr,
So, Feiertage 10.30–17 Uhr; 1. Nov.–31. März Sa 14–17 Uhr, So, Feiertage 10.30–17 Uhr |
Tipp Ein paar Dörfer weiter liegt Berglicht, von hier aus lohnt sich eine Wanderung zum
»Berger Wacken«, einem der größten Quarzitfelsen im Hunsrück.

76__Karl May

Howgh, der große Manitu hat gesprochen

»Möge der große Manitu dir auf all deinen Wegen sicheres Geleit geben, mein Bruder, und dich in Mörschied einen Parkplatz für dein vierrädriges eisernes Gefährt finden lassen. Sodann kannst du mich auf meinem treuen Rappen Hatatitla auf der Bühne reiten sehen. Howgh, ich habe gesprochen!«

Seit 1990 finden auf der Freilichtbühne Mörschied die Karl-May-Festspiele statt. Bei jeder Vorstellung sind bis zu 45 Schauspieler und 15 Pferde auf der Bühne. Die Fläche, auf der gespielt wird, ist 100 Meter lang und 25 Meter tief. 13 Auf- und Abgänge für Darsteller und Pferde sind in die künstliche Felslandschaft eingebaut, die in den Hunsrücker Mischwald eingebettet ist.

Eine sagenhafte Kulisse, die jedes Jahr umgebaut wird, je nachdem, welches Stück gespielt wird. Mal steht ein Ölturm auf der Bühne, mal ist eine Hängebrücke zu bauen, aus einer Missionsstation wird im nächsten Jahr ein Fort. Auch Berge werden auf der Mörschieder Bühne versetzt, abgetragen oder neu aus wetterfestem Kunststoff gebaut.

Hinter der Bühne sind die Räume für die Requisiten, erstaunlich, alle Lederjacken sind in Eigenarbeit gefertigt und mit aufwendigen Perlenstickereien versehen.

Indianerperücken hängen hier, in Kisten liegen Tomahawks, und Speere stehen an der Wand. Für eine zweieinhalbstündige Aufführung proben die Akteure über 100 Stunden.

Mit den Unbilden des Wetters und des launischen Hunsrücker Sommers hat die Freilichtbühne immer wieder zu kämpfen. Sintflutartige Regenfälle lassen dann aus Schlachten Schlammschlachten werden, und an den Marterpfahl gebundene Gefangene drohen zu ertrinken, ehe sie erschossen werden.

Die Mitglieder des Vereins leisten jedes Jahr Erstaunliches für ihre Bühne. Insgesamt hat die Bühne seit 1990 über 120.000 Menschen begeistert. This show must go on.

Adresse 55785 Mörschied | **Anfahrt** auf der B 327 Richtung Bruchweiler auf die L 159 abbiegen, in Bruchweiler auf die L 160, dann Ausschilderung Mörschied, in Mörschied dem Schild »Freilichtbühne« folgen, Ticket-Hotline 0651 / 9790777 | **Tipp** Im Nachbarort Kirschweiler in der Wasserschieder Straße 6 ist eine interessante Schmuck- und Mineralien-ausstellung zu sehen. Außerdem kann man dem Schleifer über die Schulter schauen (Tel. 06781 / 35735).

77_ Der Backes

Unterschlupf bei Oberhitze

Die Kirche im Ort: wichtig für die Labsal der Seele. Die Schule: wichtig für das geistige Futter. Und der Backes war früher der Ort, wo das tägliche Brot gebacken wurde. Hier war immer etwas los, es wurde getratscht und erzählt. Viele dieser Backhäuser wurden in Fronde geschaffen, das heißt, alle Männer der Gemeinde mussten beim Bau mithelfen. Der eigentliche Backofen wurde aber meistens von umherziehenden Ofenbauern aus der Eifel eingebaut. Bei den verwendeten Eifeler Steinen handelte es sich um vulkanisches Gestein, das sich durch das Feuer schnell erwärmte und die Hitze lange hielt. Wichtig war, dass die Hitze langsam und gleichmäßig abgegeben wurde. Die maßgeschneiderten Steine wurden früher mit Pferdefuhrwerken aus der Eifel in den Hunsrück transportiert und hier in den Backhäusern millimetergenau zusammengesetzt. Durch ein Probebacken wurde die Funktion des neuen Backofens überprüft. War alles in Ordnung, zog der Steinmetz weiter.

Der Morshausener Backes ist das älteste Gebäude im Ort, es stammt aus dem 16. Jahrhundert, und bis in die 1960er Jahre wurde hier noch Brot gebacken. Viele Backhäuser waren zweigeschossig: Unten wurde gebacken, und im Raum darüber wurden Gemeindefragen erörtert, auch war das obere Geschoss als Nachtlager für durchziehende Handwerker vorgesehen. Die Chance, ein Stück Brot oder Kuchen zu ergattern, war bei dieser Übernachtungsmöglichkeit groß. Die oberen Stockwerke wurden auch oft als Winterschule und Lehrerwohnung genutzt.

Zwar wurden viele Backhäuser aufgegeben, doch mittlerweile haben sich überall Initiativen gebildet, um solche Backhäuser zu retten. Das beste Beispiel ist Morshausen: Vorbildlich renoviert, wird im ältesten Backhaus des Hunsrücks bei besonderen Anlässen gebacken. Und oben, im zweiten Geschoss, ist dem wohl berühmtesten Morshausener, dem Hunsrückdichter Jakob Kneip, ein Museum eingerichtet.

Adresse Ehrenburgstraße 2a, 56283 Morshausen | **Anfahrt** im Kreisel Emmelshausen auf die L 206 Richtung Brodenbach abbiegen | **Öffnungszeiten** Infos beim »Hobbymuseums-führer« unter Tel. 02605 / 4576 | **Tipp** Besuchen Sie das Restaurant »Historische Mühle Vogelsang« unterhalb der Ehrenburg bei Brodenbach an der Mosel mit einem gemütlichen Biergarten. Öffnungszeiten Mo – Fr 11 – 22 Uhr, Sa, So 10 – 22 Uhr.

78___Der Hochkessel

Ein Einsiedler wird gesellig

Aus welcher Richtung der Wind auch kommt, am 421 Meter hohen Hochkessel pfeift er immer. Wo der Hunsrück zur Mosel ab-
fällt, steht dieser Berg, und er birgt rund um seinen Gipfel einige interessante Geschichten. Dass schon ganz früh Menschen hier oben
waren, beweist ein Fund aus der Steinzeit, eine Axt aus hartem
Schiefer. Keltischen Ursprungs sind die Überreste einer Fliehburg, in
der man auch Mahlsteine und Werkzeuge aus gallischer Zeit gefunden hat. Ein 140 Meter langer und 40 Meter breiter Ringwall ist auf
dem Gipfelplateau zu erkennen. Knorrig verwachsene Buchen, ihre
moosbedeckten Wurzeln scheinen Gesichter zu haben. Auffallend
an der Nordseite des Hochkessels liegt ein mächtiger Basaltfelsen
inmitten von Schiefergestein, ein einzigartiger geologischer Ort im
Hunsrück.

Unterhalb dieser Felswand steht ein seltsames Gebäude, im Gegensatz zur schwarzen Felswand aus vulkanischem Gestein ist es aus
rötlichen Schieferbruchsteinen. Am Eingang ein Warnhinweis: »Vor-
sicht Steinschlag«.

In dieser Einsiedelei soll ein Mönch mit Namen Bruder Heinrich gelebt haben. Der Sage nach soll er hier mit seiner Ziege gehaust
haben. Sein Tagwerk bestand darin, in aller Frühe aufzustehen, um
in der Kirche auf dem benachbarten Petersberg der heiligen Messe
beizuwohnen. Danach pilgerte er zum Frühstücken zu den Nonnen
ins Kloster Stuben an der Mosel. Dann setzte er mit dem Kahn auf
die andere Flussseite über, um im Ort Bremm einige Winzerkeller zu
besuchen, in denen er umsonst Wein bekam. Zu Fuß ging es dann
weiter zum nächsten Ort, in dem er in der Halfenstation einkehrte,
in der die Treidler und ihre Pferde ausruhten. Dort wurde er verkös-
tigt. Dann ließ er sich mit einem Kahn übersetzen und machte sich
auf den Weg zu seiner Einsiedelei, die er mehrfach verfehlte, da er
sich durch übermäßigen Weingenuss in der wilden Nordseite des
Hochkessels verirrte.

Adresse 56858 Neef | **Anfahrt** in Kappel die B 327 verlassen, auf der B 421 nach Zell/Mosel, auf der L 199 nach Bullay, von dort dem Schild nach Neef folgen, parken an der Mosel, dem Wanderschild »Hochkessel« folgen | **Tipp** Viele Winzerschänken und Straußwirtschaften im Ort Neef halten für den Wanderer deftige Winzervespern und natürlich Wein aus der Lage »Neefer Frauenberg« bereit.

79__ Der Märchenhain

Die Rentnergang packt an

Im Jahr 1927 begann der Bildhauer Ernst Heilmann, eine Idee umzusetzen, die er schon länger im Kopf hatte: Er baute einen Märchenhain mit Figuren der Grimm'schen Märchen in den Wald hinter dem Ort. Überall standen Märchenfiguren und Gruppen herum, aber nicht einfach nur so; Heilmann hatte für jedes Märchenthema entsprechende Gegenstände gesammelt und sie wirkungsvoll um die einzelnen Themen gruppiert. Das Besondere an seinen Figuren war, dass er vor Ort in Niederheimbach Kinder und Erwachsene suchte, die ihm Modell standen. Dann schuf er sie in Stein und bemalte sie kunstvoll. Auch Frau und Tochter standen ihm bei einem Märchen als Modelle zur Verfügung.

Bald waren sie alle versammelt, Hänsel und Gretel mit der bösen Hexe, Schneewittchen und die sieben Zwerge, auch der Wolf mit den sieben Geißlein war in Stein gemeißelt. Man konnte auch Einzelfiguren wie den Däumling oder Hans im Glück besichtigen. Im Jahr 1953 zählte man den 500.000. Besucher, der Märchenhain von Niederheimbach war zu einem bekannten Ausflugsziel geworden. Aber Phantasialand, Holidaypark und Vergnügungsparks mit weit mehr Nervenkitzel ließen die Besucherzahlen schrumpfen. Mitte der 80er Jahre wurde der Märchenhain geschlossen, das Gelände und die Figuren verfielen immer mehr. Doch durch eine Privatinitiative von Rentnern wurden die Figuren vor dem Verfall gerettet. Köpfe wurden wieder aufgesetzt, Arme und Beine neu modelliert, ein neuer Anstrich verpasst.

Am Champtoceaux-Platz im Ort stehen heute Hänsel und Gretel, man trifft auf dem Kuhweg den gestiefelten Kater, kommt am Froschkönig und am Däumling vorbei. Der Weg endet sinnigerweise am Kindergarten mit dem Wolf und den sieben Geißlein. Der Kindergarten trägt übrigens den Namen »Märchenhain«. Er befindet sich – den Erbauer des ehemaligen Märchenhains würde es bestimmt freuen – in der Ernst-Heilmann-Straße.

Adresse Ernst-Heilmann-Straße 27, 55413 Niederheimbach | **Anfahrt** von der E 42 in Rheinböllen auf die L 224 zum Rhein, dort auf der B 9 nach Niederheimbach, parken am Champtoceaux-Platz | **Tipp** Der Kiosk am Rheinufer, eine ehemalige Anlegestelle der Köln-Düsseldorfer Reederei, bietet einen herrlichen Blick auf Vater Rhein.

80__Die Kriegsgräberstätte

Ich hatt einen Kameraden

Versteckt liegt die Kriegsgräberstätte in einem Waldstück. Links neben dem Eingang an einer Wand werden die Namen der im Zweiten Weltkrieg vermissten und gefallenen Männer aus Pfaffenheck aufgeführt, zum Gedenken. Auf der gleichen Wand stehen die Namen der »in schweren Kämpfen« gefallenen Soldaten, über den Namen der Hinweis, dass es sich bei den Gefallenen größtenteils um Soldaten der sechsten SS-Gebirgsjägerdivision Nord handelt.

Was bei diesem Friedhof auffällt: Auf vielen Metallplatten steht »Unbekannter Soldat«. Aus der Kriegsgeschichte weiß man, dass in Pfaffenheck Mitte März 1945, also noch kurz vor Kriegsende, Truppen der deutschen Wehrmacht und der Waffen-SS die anrückenden Amerikaner auf ihrem Weg von der Mosel zum Rhein aufhalten sollten. Die Truppen trafen aufeinander, und vom 14. bis zum 16. März kam es zu einer heftigen Schlacht, in der es sowohl bei den Amerikanern als auch bei den deutschen Truppen viele Verwundete und Tote gab. Nach zwei Tagen siegten die Amerikaner, und man begann die Toten zu bergen. Deutsche Kriegsgefangene bargen die amerikanischen Toten.

Am 17. März begann man mit der Bergung der deutschen Soldaten. Die deutschen Soldaten wurden aber erst beerdigt, als man ihren Rang und ihre Truppenzugehörigkeit geklärt hatte. Bis es so weit war, lagen sie, in Zeltplanen eingewickelt, am Straßenrand. Das dauerte ein paar Tage. Zeitzeugen berichten, dass bei vielen Toten die Stiefel gestohlen, die Brusttaschen der Uniform aufgeschlitzt und ihre Erkennungsmarken entwendet wurden. Das könnte zumindest eine Erklärung für die vielen Unbekannten auf diesem Friedhof sein. Zu seiner Einweihung und auch bei späteren Gedenktagen erschienen Überlebende der Einheit und Vertreter der SS-Hilfsgemeinschaft für Angehörige der ehemaligen Waffen-SS. Das führte in den 1990er Jahren zu Protesten, und manche Gedenkfeier musste unter Polizeischutz stattfinden.

Adresse 56283 Nörtershausen-Pfaffenheck | **Anfahrt** direkt an der B 327 gelegen, abbiegen bei Hinweisschild »Parkplatz Kriegsgräberstätte« | **Öffnungszeiten** jederzeit zugänglich | **Tipp** Fahren Sie von Pfaffenheck aus mit dem Auto auf der L 207 nach Alken: Die Burg Thurant an der Mosel ist ein lohnenswertes Ausflugsziel. Öffnungszeiten Mai–Okt. 10–18 Uhr; Nov.–Feb. 10–16 Uhr; März, April 10–17 Uhr (www.thurant.de).

81__ Der Disibodenberg

Das Kloster der heiligen Hildegard

Der Kassenautomat ist defekt. Eine freundliche Frau unterbricht ihre Gartenarbeit, um den Eintritt für die Klosteranlage zu kassieren. Dabei gibt sie eine detaillierte Beschreibung der Kraftorte, die man auf dem Bergplateau vorfinden wird. Außerdem erklärt sie, welche Route man oben nehmen kann, Rundweg oder Meditationsweg.

An einem Modell der gesamten Klosteranlage vorbei führt der Weg steil nach oben. Dort angekommen, lockt die erste große Ruine, ein kleiner Pfad führt hoch und dann hinein in den ehemaligen Weinkeller des Klosters. Riesig muss er gewesen sein und viele hundert Fässer gefasst haben. Die hohen Außenmauern eines weiteren Gebäudes weisen Restaurierungsspuren auf, es wäre für die Besucher sonst zu gefährlich gewesen, in dem ungesicherten Gemäuer unterwegs zu sein. Dann kommt nach Plan ein Kreuzgang, hier liegt alles flach, und von der nun folgenden Kirche ist auch nur noch der Grundriss zu erkennen, eine Apsis und zwei Querschiffe. Wer hier oben auf den Spuren der heiligen Hildegard wandeln will, geht den Meditationsweg, der rund um den Klosterbezirk führt. Auf begleitenden Tafeln sind Psalmen zu lesen und darunter ihre Auslegung durch die heilige Hildegard. Ganz hinten, im letzten Fünftel des Gemäuers, soll sich ein erster Kraftort befinden. Da steht eine große, alte, zweistämmige Eiche, eine Frau lehnt mit geschlossenen Augen daran, den Kopf zum Himmel gerichtet. Dann die Frauenklause, in die Hildegard 1112 einzog, in der sie 1142 ihr erstes theologisches Werk, die Scivias, verfasste.

Für eine Frau im Mittelalter hatte Hildegard eine erstaunlich fundierte Ausbildung bekommen. Sie schrieb große theologische Schriften, sie machte botanische Studien, und in ihrem langen Leben kam ein viel beachtetes kompositorisches und dichterisches Werk zusammen. Ihre Heiligsprechung war schon 1228 unter Papst Gregor IX. geplant. 2012 unter Papst Benedikt XVI. war es dann endlich so weit. Na ja, einige Dinge dauern bei Kirchens halt etwas länger.

Adresse Disibodenbergerhof, 55571 Odernheim | **Anfahrt** von der E 42 kommend in Kirchberg auf die B 421 bis nach Bad Sobernheim, da auf der L 232 nach Staudernheim, im Ort auf die Straße Am Rossmarkt, dann weiter Im Klosterberg | **Öffnungszeiten** April–Okt. Fr 14–17 Uhr, Sa 12–18 Uhr, So, Feiertage 11–17 Uhr | **Tipp** Einen schönen Blick ins Nahetal hat man vom Orchideenhang am Staudernheimer Hang an der L 232. In diesem rekultivierten Weinberg wachsen ein besonderer Wein und eben auch Orchideen.

82 Das Bildchen

Wallfahrtsort mit Hindernissen

Eine einsam stehende Kapelle im Wald mit einem Muttergottesbild an der Stirnwand, eigentlich ist das nichts Besonderes, aber was sollen die vielen Bänke im Wald und was der Hochsitz vor der Kapelle? Die Bänke sind wie in einer Arena halbkreisförmig angeordnet, im Mittelpunkt steht die Kapelle. Davor befindet sich der Hochsitz, der eine Brüstung aus grün gestrichenen Brettern und eine schiefergedeckte Überdachung hat. Wer schießt von hier aus? Wenn man das Wort »Hochsitz« durch den jagdlichen Ausdruck »Kanzel« ersetzt, ergibt es einen Sinn. Hier wird nicht geschossen, höchstens mit frommen Worten: Hier wird gepredigt und gebetet.

Manche Wallfahrt endet hier an der Kapelle im Wald, die sogar eine kleine Glocke auf dem Dach hat, die mit einem Seil geläutet wird. Viele Votivtafeln sind im Inneren: »Maria hat geholfen«, kann man lesen, oder auch: »Dank der lieben Gottesmutter für Beistand in der Berufswahl«. Auch zwei Gedichte hängen hier. In dem einen Gedicht wird mit frommen Reimen um Segen und Unterstützung gebeten, im anderen geht es um die Geschichte der Kapelle. Mathes, ein Bürger Peterswalds, hatte vor 150 Jahren an dieser Stelle eine Marienerscheinung. Er hörte sogar eine Stimme, die aus einem Baum zu ihm sprach: »Baue hier eine Kapelle!« Aber das Land gehörte dem Bistum, das das Vorhaben ablehnte. Mathes jedoch blieb stur, er ging bis zum preußischen König, dann durfte die Kapelle gebaut werden. Seitdem ist sie den Peterswäldern ein »Gehaichnis«, was so viel heißt wie: etwas ganz Besonderes. Agnes Willems hat es in ihrem Gedicht so liebevoll ausgedrückt:

»Hier findet man Ruhe, hier ist keine Hast, hier spürst du nicht des Alltags Last.

Draußen auf der Bank scheint die Sonne durchs Geäst, und Vögel feiern ein fröhliches Fest.

Der Heimweg, der fällt einem schwer, denn jedes Mal fragt man sich: Wann komm ich wieder hierher?«

Adresse Bildchenweg, 56858 Peterswald-Löffelscheid | **Anfahrt** in Kappel von der B 327 auf die B 421, nach einigen Kilometern abbiegen auf die K 51 Richtung Peterswald-Löffelscheid, parken an der Zeller Straße, ausgeschilderte Wanderung zum Bildchen | **Tipp** Der nächstgrößere Ort ist Blankenrath. Hier lohnt ein Spaziergang rund um den Blankenrather Weiher.

83__Der alte Bahnhof
Schlafen auf dem Abstellgleis

Auf der ehemaligen Bahnstrecke, die jetzt als asphaltierte Fahrrad-piste von Simmern bis Emmelshausen führt, stehen nahe beim Ort Pfalzfeld einige Waggons auf Gleisen. Hat man sie beim Abbau der Strecke vergessen mitzunehmen? Sogar ein Signal, das auf Grün steht, einen alten Wasserturm und einen großen schwarzen Einfüll-stutzen für den Tank der Dampflokomotiven kann man sehen. Ein Schild warnt: »Überschreiten der Gleise verboten.« Die Bahnhofsuhr unter dem Vordach tickt sogar noch richtig. Ein »Biergarten«-Schild und einige aufgespannte Sonnenschirme mit Weißbierwerbung lo-cken durstige Radfahrer.

Die Bahnlinie Simmern–Emmelshausen und der Bahnhof Pfalz-feld wurden 1983 von der Deutschen Bundesbahn stillgelegt. Aber dann kam Familie Melis. Sie renovierte den alten Bahnhof stilge-recht und richtete im Bahnhofsgebäude ein Café-Bistro mit vielen Erinnerungsstücken, Fotos und Utensilien der Eisenbahn ein. Heu-te steht der alte Bahnhof Pfalzfeld unter Denkmalschutz. Die Au-ßenanlagen, in denen früher die Züge ankamen, wurden zu einem urigen Biergarten umfunktioniert, der Radler, Wanderer und Biker zur gemütlichen und interessanten Rast einlädt. Und die Waggons, Schlafwagen und den anhängenden Speisewagen kann man mieten. Hier ist tatsächlich die Zeit stehen geblieben. Im Gang Teppichbo-den. In den Abteilen mit jeweils zwei übereinander angeordneten Betten schwere Vorhänge vor den Fenstern, das Interieur stammt aus den 1970er Jahren. Es riecht auch so wie früher, der Wiedererken-nungs-Gedankenblitz. Die Übernachtung in den Waggons auf dem Abstellgleis ist preiswert und für Jugendgruppen gut geeignet. Ge-frühstückt wird in einem original Mitropa-Speisewagen.

Man verbindet den Begriff Abstellgleis mit »Aus! Ende!«, man verbindet mit dem Gleisbett »Schottersteine, spitz und schwarz«. Hier, in Pfalzfelds Gleisbett, schläft es sich weich und ruhig auf dem Abstellgleis.

Adresse Hauptstraße 40, 56291 Pfalzfeld | **Anfahrt** von der B 327 auf die L 215 nach Pfalzfeld, im Ort Beschilderung folgen | **Öffnungszeiten** Mai – Okt. Di – Sa 11 – 24 Uhr, So, Feiertage 9 – 22 Uhr; Nov. – April Di – Fr 14 – 24 Uhr, Sa 10 – 24 Uhr, So, Feiertage 9 – 22 Uhr, weitere Infos unter www.bahnhof-pfalzfeld.de | **Tipp** Hinter dem letzten Waggon ist ein kleiner Platz angelegt, dort befindet sich die keltische Flammensäule, ein einmaliger Fund aus der Keltenzeit.

84___Der Hunsrückdom

Wo der Hunsrück seinen Namen her hat

Im Jahr 1074 wird in einer Schenkungsurkunde von Ländereien an das Kloster Ravengiersburg zum ersten Mal der Name »Hundesrucha« erwähnt, also: »Hunsrück«.

Woher der Name kommt, ist bis heute nicht geklärt. Wenn man die Form des Hunsrücks betrachtet, ein lang gestreckter Bergrücken, der von Koblenz bis fast nach Trier führt … sieht er nicht wie ein Hunderücken aus? Möglich ist aber auch, dass die Hunnen Pate standen, denn während der Völkerwanderung sollen sie durch das Gebiet gezogen sein und ihm den Namen »Hunnenrücken« gegeben haben. Keltische Wallanlagen heißen ja heute noch »Hunnenring«. »Hund« ist allerdings auch ein altes Wort für unwirtliches, schlechtes Ackerland, so wie es der Hunsrück in früherer Zeit einmal war. Noch eine Deutung: »Hont« war eine germanische Hundertschaft, mit einem »Huno«, einem Hundertschaftsführer. »Rucha« war ihr Gerichtsbezirk.

In einer anderen Urkunde des Klosters Ravengiersburg von 1464 liest man etwas über eine »Grenzweisung des Hundgedinges des Hunsrücks«. Ein »Hundgeding« war eine Thingstätte. In dem Dokument geht es um das Gebiet zwischen Simmern, der Nunkirche, Gemünden und dem Soonwald. Und zwischen Gemünden und dem kleinen Ort Mengerschied gibt es eine Fläche, die den alten Flurnamen »Auf dem Hunsrück« trägt. Hier, so nimmt man an, liegt das Kerngebiet des Hunsrücks.

Der Dom für den Hunsrück steht in Ravengiersburg. Die beiden romanischen Türme der Kirche wurden 1106 gebaut. Unter dem mittleren Spitzbogen des Südturms ist ein seltenes, aus Sandstein gefertigtes Kreuz eingelassen. Das Besondere daran: Die Christusfigur ist bekleidet, ihre Füße sind nicht ans Kreuz genagelt, und Christus trägt eine Königskrone. Der »Hunsrückdom«, wie die Kirche mit der mächtigen Doppelturmfassade heute genannt wird, liegt von Weitem sichtbar hoch auf einem Felssockel.

Adresse Hauptstraße, 55471 Ravengiersburg | **Anfahrt** von der E 42 abbiegen Richtung
Oppertshausen, auf die K 58 bis Ravengiersburg, im Ort von der K 58 links auf die Haupt-
straße abbiegen | **Tipp** Zwischen der Nunkirche und dem Bismarckturm liegt das Rochus-
feld. Auf dieser Wiese wachsen im Juni seltene Orchideen.

85__Der Ziehbrunnen

Einmal im Jahr kommen die Brunnengeister zurück

Das muss man sich mal vorstellen: Da schöpften die Raversbeurener Bürger Jahrhunderte aus ihrem tiefen, offenen Dorfbrunnen, tranken das wohlschmeckende Wasser und versorgten auch ihre Tiere damit. An einer langen Stange senkte man den Holzeimer hinab, schöpfte, dann füllte man das Wasser in mitgebrachte Gefäße um und trug es nach Hause. Wenn man sich über den Rand beugte und hineinsah, konnte man die Wolken am Himmel vorbeiziehen sehen, und wenn es regnete, hörte man den Aufprall der Regentropfen auf der Wasseroberfläche. Am inneren Rand des mit Bruchsteinen hoch gemauerten Brunnens wuchsen Moose und leuchtend grüne Farne. Bis eines Tages ein hoher Herr der preußischen Regierung ins Dorf kam, den Brunnen begutachtete und entdeckte, dass er nicht den Vorschriften entsprach: Man könne beim Wasserschöpfen hineinfallen. Er verfügte, dass der Brunnen eine hölzerne Haube bekam, zur Sicherheit. Die Moose und Farne bekamen kein Sonnenlicht mehr, sie starben ab, und das Wasser wurde immer schlechter. Auch die Brunnengeister, die in der Tiefe wohnten, zogen eines Nachts von dannen und begaben sich in ein anderes Land, in dem die Menschen noch nicht vor sich selbst geschützt werden mussten.

Dafür wurde der Brunnen jetzt von einem Maler entdeckt. Er kam ins Dorf, sah den alten, langsam verfallenden Brunnen und malte ihn, mit der hässlichen Brunnenmütze und dem Eimer an der langen Stange.

»Wo ist das?« Fotografen fragten nach dem Ort, und es kamen viele und fotografierten den Brunnen, der alsbald in Hunsrücker Kalendern, Heimatjahrbüchern und Kunstbänden erschien. Ein Verein namens »Mosel-Hochwald-Hunsrück« kümmerte sich um den verfallenden Brunnen, aber nur von oben, man erneuerte die Haube. Unten im Brunnen ist heute kein trinkbares Wasser mehr. Schade eigentlich, Hauptsache jedoch ist, dass die Bevölkerung geschützt ist.

Adresse Dorfstraße, 56850 Raversbeuren | **Anfahrt** die B 327 in Kappel verlassen und auf der L 193 bis Raversbeuren fahren, am Ortsrand Richtung Briedel steht der Brunnen | **Tipp** Bei einer Wanderung vom Friedhof aus zur »Maiermunder Hex« (siehe Seite 50), einer großen Felsformation, kommt man durch das stille Großbachtal.

86___Der Idarkopf

Der sanfte Riese

Egal, von wo aus man auf den Idarkopf schaut, er sieht immer aus wie ein Hügel. Ein riesiger, runder Hügel. Die schönste Jahreszeit, um auf diesen Berg zu schauen, ist das Frühjahr, wenn der Raps blüht. Wie ein Flickenteppich wechseln sich dann am Fuß des Berges grüne Wiesen mit braunen, frisch eingesäten Äckern und gelb leuchtenden Rapsfeldern ab. Ein kleines Dorf mit blau glänzenden Schieferdächern. Weiß blühende Schlehenhecken an den Feldwegen und als zusätzliche Farbtupfer braun-weiße Kühe, die noch mehr Farbe in die Hunsrücker Landschaft bringen.

Wie ein unterer Ring zieht sich dieser bäuerliche, landwirtschaftliche Bereich fast rund um den Idarkopf. Der zweite Ring besteht aus lichtem, im späten Frühling hellgrünem Buchen- und Eichenwald. Der dritte Ring, der sich bis zum Gipfel hinzieht, ist von dunkelgrüner Farbe, das sind die schnell wachsenden Fichten. Bei einer Wanderung zum Gipfel durchschreitet man diese drei Ringe, interessant und vielfältig ist das. Und vor allem ruhig. Oben auf dem 746 Meter hohen Gipfel steht ein 24 Meter hoher Aussichtsturm. Bekanntlich haben die Götter den Schweiß vor den Erfolg gestellt. Wer jetzt mehr oder weniger außer Puste oben ankommt, den erwartet eine Fernsicht, die ihresgleichen sucht. Bis hinein in den Westerwald und auf den Donnersberg in der Pfalz kann man schauen.

Von hier oben sieht man auch zwei breite Schneisen im Wald. Die beiden Skipisten werden in Zukunft wohl nur noch als Wiese genutzt werden können. Die Liftanlage wurde vom Orkan Xynthia im Februar 2010 schwer mitgenommen, und nun fehlt das Geld zu ihrer Wiederherstellung. Ein Investor plante, eine 1.000 Meter lange, überdachte Skihalle auf der Abfahrtspiste zu errichten, außerdem sollte ein Feriendorf mit 450 Häusern entstehen. Da hat der BUND im Auftrag vom Idarkopf seinen Kopf geschüttelt und ganz laut Nein gesagt.

Adresse 55624 Rhaunen | **Anfahrt** die E 42 in Büchenbeuren verlassen und auf der L 182 nach Rhaunen fahren, von dort auf der L 162 nach Stipshausen, nach dem Ort den ersten Wanderparkplatz anfahren | **Tipp** Einige Kilometer weiter besteht im Ort Weiden die Möglichkeit, in einem Hotel im Heu zu übernachten (Zum Dreschplatz 4, www.ferienhof-faust.de).

87 Der Königsstuhl
Harter Stein für hohe Herren

Seit 1273 kamen in Rhens am Rhein die deutschen Kurfürsten zu Verhandlungen über die Wahl eines neuen Kaisers zusammen. Der kleine Ort eignete sich gut, da alle Territorien der Kurfürsten hier zusammentrafen. Köln, Trier, Mainz und die Pfalz schickten ihre Verhandlungsführer hierhin. Eigentlich stand der Königsstuhl damals viel tiefer im Ort Rhens und war aus Holz gebaut. Aber im Lauf der Jahrhunderte wechselte er mehrmals seine Gestalt und dann auch seinen Ort.

1376 verfügte Kaiser Karl IV., dass für die Benennung der künftigen Kaiser ein »steynen gestuel« zu bauen sei. Acht Sitze waren im Innern der Holzkonstruktion vorhanden, sieben für die Kurfürsten, ein Sitz war für den Kaiser bestimmt. Über den Stühlen der Kurfürsten waren ihre Wappen angebracht und über dem Sitz des Kaisers das Reichswappen. Wenn nun ein Kaiser gestorben war, wurde ein neuer gewählt. Der Abschluss dieser Wahl fand eben hier auf dem Königsstuhl mit der Verkündigung des Namens und der Vereidigung des Kaisers statt. Das Volk und der Tross der Kurfürsten wohnten dieser Zeremonie bei. Der Stadt Rhens oblag es, den Königsstuhl zu erhalten, sie bekam dafür Sonderrechte, zum Beispiel ein Zollprivileg.

1740 zerstörten die Franzosen den Königsstuhl und verkauften die Steine an Rhenser Bürger. 1840 wurde in Koblenz ein Verein gegründet, der das Denkmal wiederaufbauen wollte. Man sammelte Geld, und der Königsstuhl wurde 1842 neu errichtet, sogar mit einer Originalsäule des alten Bauwerks. Der Grundriss richtet sich immer noch nach dem alten Holzbauwerk, heute besteht der zweistöckig angelegte Achteckbau aus schwarzen Lavaquadern, die Pfeiler und die Mittelsäule sind aus Basalt. 1929 zog der Königsstuhl um, hier an diese Stelle mit der grandiosen Aussicht. Kaiser werden hier keine mehr gekrönt, aber lange Zeit bekamen die Bürgermeister von Koblenz hier ihre Amtskette überreicht.

Adresse 56321 Rhens | **Anfahrt** in Waldesch von der B 327 auf die L 208 Richtung Rhens abbiegen, nach fünf Minuten Fahrt taucht auf der linken Seite ein Parkplatz auf | **Tipp** Das Forsthaus Remstecken im Stadtwald von Koblenz ist nicht nur ein Restaurant, es gibt auch ein Wildgehege mit Ponyreiten, und im Hofladen werden Wildspezialitäten aus heimischen Wäldern angeboten (www.forsthaus-remstecken.de).

88 Die Glocken

Eine ganz besondere Speise

Eine mathematische Formel soll es sein, die den Glocken ihren Klang verleiht. Ob aus dem Kirchturm ein A, ein C oder auch ein Fis erklingt, reine Mathematik. Das hört sich sehr nüchtern und sachlich an. Doch diese tonangebende Formel ist unter Glockengießern ein Familiengeheimnis, nichts darf davon nach außen dringen.

Hier in Saarburg war es die Familie Mabilon, die 230 Jahre lang Glocken in allen Größen gegossen hat. Nicht nur kleine Glocken, sondern auch bis zu fünf Tonnen schwere Exemplare wurden hier in der Gießerei hergestellt und erklingen heute in aller Welt. Urbanus Mabilon gründete das Unternehmen 1771 unterhalb der Burg.

2002 wurde die Gießerei aus Altersgründen aufgegeben, aber der Weitsicht des letzten Glockengießermeisters, Wolfgang Hansen-Mabilon, ist es zu verdanken, dass die Stadt Saarburg ein in Europa einmaliges Museum bekommen hat. Am Eingang stehen zur Begrüßung zwei alte Glocken neben einer Kastanie, im Hof residiert eine riesige Glocke mit bestimmt zwei Metern Durchmesser, an der Fabrikwand steht schön aufgereiht eine Armee Glockenklöppel. Und drinnen in den verschiedenen Räumen stehen und liegen alle Arten von Glocken.

Die Räumlichkeiten sind so erhalten, dass beim Besucher der Eindruck entsteht: Hier wird gleich die nächste Glocke gegossen. Im Zeichenzimmer, in dem die Formel für den Ton der nächsten Glocke errechnet wurde, scheint die Zeit genauso stillzustehen wie in der alten Gießhalle, in der es scheint, als ob gleich flüssiges Metall, die Glockenspeise, durch die Schächte brodele. Man kann den Rauch und das Feuer noch riechen, was den Rundgang durch dieses Museum für alle Sinne so interessant macht.

Dass sich die Glockengießerfamilie in Saarburg niedergelassen hat, ist kein Zufall, denn hier in der Umgebung gab es gute Lehmvorkommen, und ohne Lehmform – das weiß man spätestens seit Schillers Gedicht – läuft gar nichts beim Glockenguss.

Adresse Staden 130, 54439 Saarburg | **Anfahrt** die B 327 geht ab Hermeskeil in die B 407 über nach Saarburg, dort auf der L 132 über die Brücke, dann rechts abbiegen | **Öffnungszeiten** Mo–Fr 9–17 Uhr, Sa, So, Feiertage 11–17 Uhr | **Tipp** Bei einem Rundgang durch die sehenswerte Altstadt von Saarburg findet man das »Amüseum«, unter anderem befindet sich dort im Haus eine Turbine, die seit 1935 unentwegt Strom liefert (www.saarburg.eu).

89__ Der Bismarckturm

Freudenfeuer auf dem Leuchtturm des Kanzlers

Inmitten einer Baumgruppe steht der 18 Meter hohe Bismarckturm. Wuchtig, mit sehr schmalen, hohen Fensterschlitzen, wirkt er fast ein bisschen abweisend. Zu Ehren des ersten deutschen Reichskanzlers, Fürst Otto von Bismarck, wurden Ende des 19. Jahrhunderts überall in Deutschland, ja sogar in den deutschen Kolonien Denkmäler, Aussichtstürme und sogenannte Feuertürme errichtet. In Deutschland sind von 184 noch 146 solcher Türme erhalten. Diese Bauten waren sichtbarer Ausdruck der Verehrung für Bismarck, heute würde man von einem Bismarckkult sprechen. Größe und Aufwand der Denkmäler waren immer verschieden und von regionalen Gegebenheiten abhängig. Von einfachen Gedenktafeln bis hin zu großen Anlagen mit Figurengruppen reicht das Spektrum der Denkmäler.

1899, ein Jahr nach Bismarcks Tod, schrieb die deutsche Studentenschaft einen Wettbewerb aus, den der Architekt Wilhelm Kreis mit seinem Modell »Götterdämmerung« gewann. Die Form wurde durch den preisgekrönten Entwurf eindeutig charakterisiert: quadratischer Grundriss, mehrstufiger Unterbau, einfach gehaltener Sockel, die Ecken aus vier Säulen und ein kapitellartiges Gesims für die Feuerschale. »Flammen zu Ehren Bismarcks« hieß das Motto einer Aktion, die an einem bestimmten Tag alle 184 Türme in Deutschland zum Leuchten bringen sollte. Auf fast allen Türmen wurden tatsächlich Befeuerungsvorrichtungen angebracht. Da man sich aber nicht auf einen Termin einigen konnte, wurden die Feuer zu unterschiedlichen Tagen entzündet: Mal war es Bismarcks Geburtstag, mal der Todestag. Es kam aber auch vor, dass die Feuer zur Sommersonnenwende oder zum Sedanstag brannten. Die Aussicht vom Bismarckturm bei Sargenroth auf den Soonwald und die umliegende Landschaft mit ihren Dörfern wäre bei schönem Wetter bestimmt grandios. Leider sind die umstehenden Bäume etwas zu hoch geworden.

Adresse 55471 Sargenroth | **Anfahrt** in Simmern von der E 42 auf die L 108 Richtung Holzbach, dann auf der L 162 zur Nunkirche, direkt neben der Straße vor dem Turm ist ein Parkplatz | **Tipp** In Simmern hat man am Simmerbach im neu angelegten Wingertsbergpark tatsächlich einen Weinberg angelegt. Man darf gespannt sein, wie der Wein mundet.

90__ Der Laden

Tante Emma lässt grüßen

Wie in vielen kleinen Dörfern wurde auch in Sargenroth vor über 20 Jahren der Tante-Emma-Laden geschlossen. Eigentlich waren es sogar zwei kleine Läden.

Was tun, jetzt ohne Laden in Sargenroth? Eine Weile war Leerstand, doch schon machte man sich Gedanken um die Zukunft eines in eigener Regie geführten Ladens. 1992 war es dann so weit: Ein »Dorfladen« wurde im alten Schulhaus, dem jetzigen Gemeindehaus, eingerichtet, zunächst auf Basis einer GbR (Gesellschaft beschränkten Rechts) mit 60 Mitgliedern, die je 200 Mark Kapital zur Verfügung stellten. Von diesem Geld wurde die Ladeneinrichtung gekauft. Nichts Neues, gebrauchte Regale und Kühltruhen verrichten den Dienst seit über 20 Jahren.

War man am Anfang noch an Lieferanten gebunden, die oft keine guten Konditionen boten, macht man den Einkauf heute in eigener Regie und bei regionalen Erzeugern. Das Mehl und der Honig kommen zum Beispiel aus der Weitersbacher Mühle. Heute sind drei Verkäuferinnen im Laden angestellt. Er sichert die Grundversorgung mit Lebensmitteln des täglichen Bedarfs, man kann frisches Brot und Brötchen bekommen, und die Mitarbeiter des Ladens besorgen auf Wunsch fast alles und bringen es sogar nach Hause. Das ist ein Service, der von vielen älteren, nicht mehr mobilen Einwohnern gern in Anspruch genommen wird. Auch andere Aktivitäten hat man sich einfallen lassen, das Team des Ladens steht bei Feierlichkeiten wie Konfirmationen, Hochzeiten oder Jubiläen für die Bewirtung zur Verfügung. Auch der Beerdigungs-Kaffee wird vom Team im Gemeindehaus ausgerichtet, traurig oft auch deshalb, weil es nun wieder einen Kunden weniger gibt.

»Unser Laden« ist nicht nur ein Laden, sondern auch Treffpunkt und Ort für Gespräche unter Dorfbewohnern. Ein Motto könnte – angesichts des Demografiewandels – auf solche Läden zutreffen: »Wer weiter denkt, kauft näher ein.«

Adresse Schulstraße 1, 54471 Sargenroth | **Anfahrt** in Simmern von der E 42 auf die L 108 Richtung Holzbach, dann auf der L 162 nach Sargenroth | **Öffnungszeiten** Mo–Fr 9–11.30 Uhr, Sa 7.30–12 Uhr | **Tipp** Wer reiten will, ist auf dem Höhenhof im Nachbarort Holzbach richtig. Auch andere Freizeitmöglichkeiten wie einen Barfußpfad und ein Maislabyrinth bietet der Bauernhof (Tel. 06761/6290).

91__ Die Nunkirche

Ein Hunsrücker Wahrzeichen

Fast jeder auf dem Hunsrück kennt die Nunkirche: als Wallfahrtsort und als Kirche mit geschichtsträchtigem Hintergrund. Sie ist etwas Besonderes, sie zieht die Menschen in ihren Bann, es gibt viele Geschichten, Sagen und Berichte über sie. Viele Maler haben sie auf die Leinwand gebannt, umstanden von alten Kastanien und Linden.

Was macht sie so faszinierend? Ist es ihr Name, ihr Alter, ihre Lage? Sind es ihre Fresken, ihre Glocken? Die »Hundgedinge«? Oder liegt es vielleicht daran, dass hier der älteste Jahrmarkt des Hunsrücks stattfindet? Sind es die Orchideen, die in ihrer Nähe wachsen? Warum kennt fast jeder Hunsrücker diese kleine Kirche und spricht mit liebevoller Ehrfurcht von ihr: »Ach ja, die Nunkirche …«

Die Antwort ist eine Mischung aus allem, doch der Reihe nach: »Nunkirche« bedeutet »Neue Kirche«. Tatsächlich ist sie aber eines der ältesten Gotteshäuser auf dem Hunsrück. Sie wurde um die erste Jahrtausendwende auf Geheiß des Mainzer Erzbischofs Williges errichtet. Auch ihre Lage besticht: »Die Kirche im Dorf lassen« kann man nicht, sie liegt zwischen Soonwald und Simmerbach schon von Weitem sichtbar auf einer Anhöhe. Ohne Dorf. Umgeben nur von einem Friedhof. Im Inneren der Nunkirche kann man Fresken aus dem 13. und 14. Jahrhundert bewundern, es sind die ältesten, die der Hunsrück zu bieten hat. Ein Deckenfresko stellt den thronenden Christus dar, ein anderes zeigt die Verdammten und Seligen des Jüngsten Gerichts.

Die »Hundgedinge« waren Gerichtsverhandlungen, die auf dem Platz neben der Kirche abgehalten wurden, es war Rechtsprechung unter freiem Himmel. Kommt man in den ersten Maiwochen an der Nunkirche vorbei, kann man etwas ganz Besonderes sehen: Die Wiese neben der Kirche ist um diese Zeit über und über mit Blumen bedeckt, mit dem seltenen dunkelroten bis violetten Manns-Knabenkraut. Ein im Hunsrück einzigartiges Bild.

Adresse 55471 Sargenroth | **Anfahrt** in Simmern von der E 42 auf die L 108 Richtung Holzbach, dann auf der L 162 zur Nunkirche direkt neben der Straße | **Tipp** 1928 war es das größte Freibad Westdeutschlands, heute lädt das Waldschwimmbad Simmern, umstanden von Fichten und Laubbäumen, zu einem erfrischenden Bad ein (www.naturfreibad-simmern.de).

92_ Der lange Heinrich

Das passiert, wenn der Teufel auf seine Oma hört

Der Teufelsfels ist eine der interessantesten Felsformationen im Hunsrück. Im Lützelsoon, dem kleinen Bruder vom Soonwald, steht der Riesenstein. Aus den Ritzen wachsen Gräser, Ginster und andere Büsche, sogar eine kleine Birke hat Fuß gefasst.

Der Sage nach ist er so entstanden: Dem Teufel fiel auf, dass keine Menschen mehr aus Bundenbach in die Hölle kamen, seit sie sich eine Kirche gebaut hatten. Des Teufels Großmutter wusste Rat: »Such dir einen Stein, geh nach Bundenbach und wirf ihn auf die Kirche!« Das ließ sich der Teufel nicht zweimal sagen, er suchte sich einen großen Stein und marschierte Richtung Bundenbach. Da es an jenem Tag sehr heiß war, war er, als er den Bergrücken des Lützelsoons erstiegen hatte, so erschöpft, dass er sich ausruhen musste. Außerdem hatte er sich verlaufen, so ein Mist! Da kam eine Frau durch den Wald. Er sprach sie freundlich an: »Gute Frau, wisst Ihr den Weg nach Bundenbach? Ist es noch weit?« Die Frau ahnte, wer ihr Gegenüber war, und antwortete: »Ich komme gerade daher, es ist noch sehr, sehr weit bis Bundenbach!« Sie öffnete ihre Tasche: »Seht her, das sind alles Schuhe, die ich schon durchgelaufen habe.« Enttäuscht ließ der Teufel den Felsen an Ort und Stelle liegen und fuhr zur Hölle. Die Frau war die Gattin des Bundenbacher Schusters, die in der Umgebung bei der Kundschaft gewesen war, um reparaturbedürftige Schuhe für ihren Mann einzusammeln.

Vor gar nicht langer Zeit konnte der Fels noch mit einer im Fels verankerten Leiter bestiegen werden, doch durch die anhaltende Verwitterung wurde er für die Besucher zur Gefahr. Da kam der damalige Bürgermeister Schneppenbachs, Heinrich Heimfahrt, auf die Idee, einen Aussichtsturm zu bauen. Der Turm wird »Der lange Heinrich« genannt. Und damit man ihn auch findet und sich nicht wie der Teufel verläuft, zeigen Steinmännchen den Weg. An einer Stelle auf einer Waldlichtung stehen Hunderte dieser steinernen Wegweiser.

Adresse 55608 Schneppenbach | **Anfahrt** von Kirchberg aus auf der B 421 nach Dicken-schied, dort nach Schneppenbach auf der L 184, Wanderparkplatz im Ort | **Tipp** Ein Besuch in der Imkerei Lindenschied mit Bienenlehrpfad ist interessant und schmackhaft. Nicht nur Honig, sondern auch Produkte wie Met und Wachsfiguren verkauft der Imker im Laden (Im Steinborn 4, www.hunsruecker-bienenkorb.de).

93__Das Wasser

Nicht nur zum Waschen da

Wer baden will, braucht Wasser. Und das gab es in Schwollen schon zu Zeiten der Römer, denn in der villa rustica über den Dörfern Schwollen und Leisel wurde auch eine Badeanlage gefunden. Irgendwann gingen die Römer, und ihre Häuser zerfielen. Im Mittelalter baute man eine Kirche auf die Reste des Hofes. Bei Ausgrabungen 1952 fand man in dieser Kirche eine römische Hypokaustenanlage, eine Warmluftheizung.

Wer einen Garten hat, braucht Wasser. Nicht nur ihre Badekultur brachten die Römer mit, sondern auch ihre Gartenkultur. Während um römische Villen Lustgärten mit Skulpturen, Mosaiken und Wasserspielen angelegt wurden, achtete man bei einem landwirtschaftlichen Anwesen eher auf den Nutzen. Unterhalb der Kirche Heiligenbösch ist ein Garten im römischen Stil zu sehen, es wächst, was die Römer in ihren Gärten gezogen haben: Gemüse, Obst und Weinreben. Ein Kräutergarten war sehr wichtig, aber hier im Garten sind auch kleine Mosaike gelegt, und es sprudelt ein Brunnen. Der Sirona-Wanderweg geht hier vorbei, er führt durch den Hunsrück, immer entlang an wichtigen Funden der Römer und Kelten. Mal ist es ein Teil der freigelegten Ausonius-Straße, mal ein Quellheiligtum.

Geht man vom Garten aus ein Stück den Weg, trifft man am Waldrand auf einen nackten Mann. Eine römische Gottheit steht da vor einem, in Farbe und lebensgroß. Die Figur hat einen Geldbeutel und einen gedrehten Stab in der Hand, es ist Merkur, der Gott des Handels, er wurde von Kaufleuten und Reisenden gleichermaßen verehrt. Er ist nicht allein im Wald, weitere bunt bemalte, lebensgroße Figuren begleiten den Wanderer auf der »Götterallee«, wie der Streckenabschnitt genannt wird. Als Letztes grüßt eine Quellnymphe, das passt sehr gut, denn der nächste Ort ist Schwollen, überregional bekannt für das Wasser, das hier millionenfach in Flaschen abgefüllt und als Hochwaldsprudel an die Getränkemärkte geliefert wird.

Adresse 55767 Schwollen | **Anfahrt** von der B 269 bei Oberhambach auf die L 175 nach Schwollen und Leisel, die Götterallee ist von beiden Orten aus erreichbar, parken bei der Kirche Heiligenbösch | **Tipp** Der Sauerbrunnen am Sprudelwerk Schwollen sprudelt Tag und Nacht. Wer will, kann hier seine Flaschen füllen, umsonst.

94__ Waldfriede

Der kleinste Luftkurort im Hunsrück

Bedeutende Gäste waren hier: Kaiser Wilhelm II., Weltraumforscher Wernher von Braun, der erste Präsident der Bundesrepublik, Theodor Heuss, und andere damalige Prominente. Sie kamen in die kleine, abseits gelegene »Curcolonie Waldfriede« im einsamen Soonwald. Die begüterten Kurgäste hätten mondänere Kurorte aufsuchen können, aber sie kamen ausgerechnet in das vergessene Waldgebiet im Westen Deutschlands, in den Soonwald. Die gesunde Luft hatte es ihnen angetan.

Lange Zeit war bekannt, dass die Luft im Soonwald nervenstärkend sei. So lautete auch ein Werbeslogan, der mit den Anfängen des Kurbetriebes um 1880 zu tun hatte. Damals war Nervosität die Modekrankheit der Städter, belastende Lebensumstände machten nervös, hinzu kamen noch die damals in den Städten grassierenden Tuberkuloseepidemien. Als einzig wirkungsvolle Therapie galt: Ruhe, gutes Essen, Hygiene und gute Luft. Die fand man hier oben in den Höhenlagen, wo die Luft besonders sauerstoffreich ist. Nur ein paar Kilometer weiter unten, im Nahetal, kurte man in den salzhaltigen Quellen von Bad Kreuznach, aber auch in den Badezeitungen von damals gab es schon Hinweise auf den höher gelegenen Luftkurort Waldfriede, der mit »Eigener Waldpark, ohne lästige Schwüle!« warb.

Ein Wagnis war es, als Familie Vogler »Waldfriede« erbaute, mitten im einsamen Wald, nur zu Fuß oder mit einem kleinen Fuhrwerk war das Haus zu erreichen. Das Konzept des mutigen Hoteliers ging auf, die Kombination von viel Bewegung an der frischen Luft und gutem Essen machte den kleinen Kurbetrieb immer bekannter, und dieses »naturnahe Wohlfühlen« wurde zum Erfolgsrezept. Bis zum Bau des Nato-Flugplatzes Pferdsfeld. Der Lärm der Düsenjäger war ohrenbetäubend, die Waldesruhe dahin, der Waldfriede gestört, die Besucher blieben aus, und der Kurbetrieb wurde eingestellt.

Adresse Waldfriede, 55629 Seesbach | **Anfahrt** von Gemünden aus auf der L 229, dann auf die L 230 Richtung Seesbach fahren, kurz vor Seesbach kommt man zur Siedlung Waldfriede | **Tipp** Ganz in der Nähe befindet sich die sagenumwobene Ruine Koppenstein mit ihrem großen Wackelstein. Ihn scheint man mit einer Hand von seinem Quarzitsockel stoßen zu können, aber dem ist nicht so.

95__Der Gerberschuppen

Heute stinken hier keine Häute mehr

Entlang des Simmerbachs standen um 1900 mehrere Gerbereien. Für die umliegenden Gemeinden, die viel Wald und somit viel Eichenlohe hatten, bedeutete der Verkauf der von den Gerbereien benötigten Lohe eine zusätzliche Einnahmequelle. Im Zuge der Industrialisierung verschwand der Beruf des Gerbers nach und nach. Jetzt steht nur noch ein Schuppen am Bach, in dem damals die Häute getrocknet wurden, er erinnert an die Blütezeit des Gerberhandwerks in der Stadt.

Eigentlich ist der Schuppen unscheinbar – wenn die vielen hölzernen Klappen nicht wären. Der Sockel ist mit Ziegelsteinen aufgemauert, danach kommen quer liegende Holzklappen mit Scharnieren. Dann sieht man Holztüren und darüber Holzbretter, die wie schräg stehende Dominosteine übereinander angeordnet sind und – wie eine Jalousie – mal mehr, mal weniger geöffnet werden konnten. Das muss Durchzug pur gewesen sein. Den brauchte man auch, um die gegerbten, gewässerten Häute zu trocknen. Es muss furchtbar gestunken haben damals, Fleisch- und Haarreste hafteten an den Tierhäuten. Der Gestank war so schlimm, dass die Gerber ihren Beruf oft nur vor den Toren einer Stadt oder einer Siedlung ausüben durften. Regelrecht verbannt waren sie, an den Unterlauf der Flüsse und Bäche, auch weil bei der Spülung der Häute Arsen, Kalk, Alaun und Salz ausgewaschen wurden. Diese Stoffe verunreinigten das Wasser und schadeten der Tier- und Pflanzenwelt. Aber auch die Gerber selbst waren hohen gesundheitlichen Gefahren ausgesetzt. Durch den dauernden Umgang mit kaltem Wasser waren rheumatische Krankheiten keine Seltenheit. Der bei der Arbeit eingesetzte Kalk verätzte die Hände, und die häufig auftretenden Milzbrandinfektionen kamen von den rohen Häuten. Alles in allem kein Beruf, mit dem man alt werden konnte, aber es ist ein alter Beruf. Das Gerben von Fellen ist eine der ältesten kulturellen Errungenschaften der Menschheit.

Adresse Gerbereistraße am Simmerbach, 55469 Simmern | **ÖPNV** RHB Linie 632, Haltestelle Bahnhof | **Anfahrt** Abfahrt von der E 42 auf die Holzbacher Straße, im Kreisel auf die Kirchberger Straße, an der 1. Ampel links in die Gerbereistraße abbiegen | **Tipp** Das Pro-Winzkino in der Fußgängerzone wurde vom Beauftragten der Bundesregierung für Kultur und Medien mehrfach ausgezeichnet und erhält vom Land Rheinland-Pfalz seit vielen Jahren den Filmprogrammpreis (Marktstraße 39, www.pro-winzkino.de).

96_ Der Schinderhannesturm

Ausbruchssicher, der Räuber schafft den Ausbruch sicher

Zum ersten Mal in Kirn an der Nahe, dann in Muhl und Saarbrücken: Der Schinderhannes, Deutschlands berühmtester Räuberhauptmann, entkam aus Gefängnissen und Arrestzellen. Hier in Simmern türmte er aus dem bis dahin als ausbruchssicher geltenden Gefängnisturm.

Dieser war der östliche Eckturm der Stadtmauer und wurde zwischen 1320 und 1330 erbaut. Jahrhundertelang diente er als Lagerstätte für Pulver, Waffen und anderes Kriegsgerät. Die mächtigen Mauern des Turms veranlassten die Stadtväter um 1680, einen Umbau vorzunehmen und ein schönes, sicheres Gefängnis einzurichten. Fenster und Türen im unteren Bereich wurden zugemauert und bildeten nun ein Turmverlies. Durch eine Klappe wurden die Verbrecher sechs Meter in die Tiefe gelassen. Kriege und sogar den großen Stadtbrand von 1689 überstand der Turm fast unbeschädigt. 1750 setzte man ihm das barocke Kegeldach auf den Kopf, das er heute noch aufhat. Im Februar 1799 hatte man Johannes Bückler, wie der Schinderhannes mit bürgerlichem Namen hieß, wieder einmal gefangen. Man wusste aber, dass er aus seinen bisherigen Gefängnissen immer hatte fliehen können. Da fiel der Obrigkeit der dicke, ausbruchssichere Turm in Simmern ein, und so türmte man ihn hier ein. Er blieb sehr lange, bis in den August hinein, in Gefangenschaft, über die er selbst schrieb: »Ich schaudere noch diesen Augenblick, wann ich mich der Härte der Gefangenschaft, welche ich da empfunden habe, erinnere. Die Nacht hindurch war ich mit Ketten beladen, und in einem finsteren, feuchten, unterirdischen Gewölb gefangen gehalten.«

Und aus diesem muss er dann, wie auch immer, in einer Sommernacht entkommen sein. Er sei, wie er selbst sagte, mit einem kühnen Sprung aus dem Küchenfenster seines Gefängnisses gänzlich befreit gewesen. Mit seiner Flucht hat Schinderhannes den Turm zum Wahrzeichen Simmerns gemacht.

Adresse Turmgasse, 55469 Simmern | **ÖPNV** RHB Linie 632, Haltestelle Bahnhof | **Anfahrt** Abfahrt von der E 42 bis zur Turmgasse | **Öffnungszeiten** Di–Fr 10–13 Uhr und 14–17 Uhr, Sa, So 14–17 Uhr | **Tipp** Jeden Donnerstag und Samstag findet auf dem Schlossplatz der Wochenmarkt mit Spezialitäten und regionalen Produkten wie Gemüse und Backwaren statt.

97_Das Zementgretchen

Ein Simmerner Original

Zementgretchen ist nicht aus Zement oder Beton, nein, Gretchen ist aus Bronze, und sie steht in der Fußgängerzone von Simmern. Gretchen trägt ein einfaches Kleid, sie hat eine riesige Handtasche am linken Arm, und mit der rechten Hand stützt sie sich auf einen Schirm. Über ihren klobigen Schuhen trägt sie Gamaschen. Gretchen schaut verschmitzt in die Fußgängerzone, ein bronzenes Lächeln im faltigen Gesicht. Aber warum steht Gretchen hier? Und wer war Gretchen? Herr Theiß kennt die Stadtgeschichte. Margarete Scherschlicht wurde 1906 geboren und war Hausangestellte bei einem Fabrikanten. Aber warum stellt man einer Hausangestellten ein bronzenes Denkmal in die Stadt?

Ein Lastwagen kam am 7. Oktober 1951 gegen 18 Uhr die abschüssige Bingener Straße hinabgefahren und wurde immer schneller, denn seine Bremsen versagten. Zwei junge Pfadfinder, die als Anhalter im Lastwagen mitfuhren, konnten sich gerade noch durch einen Sprung aus dem Wagen in Sicherheit bringen. Die zwei Fahrradfahrer aus Koblenz, die just vor dem Hotel »Hirsch« vorbeifuhren, waren auf der Stelle tot. Der mit Zement beladene Lastwagen raste nämlich ungebremst in das Hotel und verlor bei dem Crash seine Ladung. Gretchen, die in der Nähe stand, wurde vom Zement verschüttet, aber nur leicht verletzt.

Nach dem Unfall wurde Margarete Scherschlicht immer sonderlicher. Oft sah man sie schrill angezogen durch die Innenstadt flanieren. Ihr Begleiter war immer ein roter Schirm, mit dem sie den Kindern und Jugendlichen, die sie verspotteten und ob ihrer »Größe« hänselten, hinterherdrohte. Grob konnte die kleine, hutzelige Frau dann werden, sie schimpfte, was das Zeug hielt, und sparte nicht mit Ausdrücken. So war sie noch über Jahrzehnte im Stadtbild von Simmern unterwegs. Mit 87 Jahren starb sie. Da steht sie nun und hält Ausschau. Ob wohl irgendwelche ungezogenen Kinder und Jugendlichen unterwegs sind?

Adresse Marktstraße, 55469 Simmern | **ÖPNV** RHB Linie 632, Haltestelle Bahnhof | **Anfahrt** Abfahrt von der E 42 bis auf die Marktstraße | **Tipp** Das Hunsrück-Museum im Schloss mit einer Bilderausstellung des Hunsrücker Malers Friedrich Karl Ströher und mit vielen anderen lokalen Themenbereichen ist sehenswert (Schlossstraße 4, www.hunsrueck-museum.de).

98__ Die alte Abdeckerei

Bretter bohren statt Seife sieden

Im Tal ein Anwesen mit mehreren Gebäuden. Durch den riesigen, viereckigen Schornstein aus rotem Backstein wirkt es wie eine Fabrik. Weit weg von jedem Ort wurde die Abdeckerei im Tal des Kyrbachs in den 1930er Jahren gebaut. Abdecker, Abstreifer, Wasenmeister oder Schinder wurden Menschen genannt, die Tierkadaver verwerteten. Wegen der Geruchsbelästigung, die von ihnen ausging, lagen die Abdeckereien meist einsam und versteckt. Abdecker hatten wenig Kontakt zur Bevölkerung, da ihr Gewerbe als unehrlich galt. Bei der Arbeit in der Abdeckerei fielen Produkte wie Seife, Fette, Leim, Knochenmehl und Tierfutter an, die Häute der Tiere wurden zum Gerber gebracht.

Die Abdeckerei Sohrschied stellte 1963 den Betrieb ein. 1984 übernahm der »Verein für berufliches und soziales Lernen im Hunsrück e. V.« (VBS) das Gelände. Eine seiner Aufgaben ist die Umschulung zum Tischler. Über 150 junge Leute haben hier bereits ihre Ausbildung erhalten und erfolgreich die Gesellenprüfung abgelegt. Doch nicht nur berufliches Know-how wird hier vermittelt, sondern auch soziales Lernen. Der VBS will junge Menschen dazu befähigen, »… ihre körperlichen, geistigen und seelischen Kräfte zu entfalten und sich zu selbstbestimmten Persönlichkeiten zu entwickeln«. Für seine Arbeit hat der Verein 2011 den Brückenpreis des Landes Rheinland-Pfalz in der Kategorie »Bürgerschaftliches Engagement gegen soziale Benachteiligung« erhalten.

Auch ökologisch hat man ein Gesamtkonzept: In der Schreinerei werden nur einheimische Hölzer verwertet, bei der Oberflächenbehandlung nur umweltfreundliche Öle und Lacke eingesetzt. Auch beim Heizen greift man auf die ökologisch sinnvolle Holzhackschnitzelheizung zurück. Das Material zum Heizen ist aus Alt- oder Schwachholz und stammt aus dem nahen Soonwald. Zu Holzschnitzeln geschreddert, kommt so ein nachwachsender Rohstoff zum Einsatz.

Adresse Zum Kyrbach, 55487 Sohrschied | **Anfahrt** von der E 42 Abfahrt nach Liederbach, auf der K 3 nach Sohrschied, Infos zu Veranstaltungen unter www.vbs-sohrschied.de | **Tipp** Der interessante Ortskern von Rhaunen, Rathaus auf Stelzen und Skulptur am Bach.

99__ Das Antiquariat
Ein Schild und seine Geschichte

»Sonnschied 2 km« steht auf dem gelben Straßenschild, das an der K 28 auf einer Wiese steht. Unter dem gelben Schild ist ein braunes Schild mit weißer Schrift angebracht, wie es für Sehenswürdigkeiten üblich ist: »Antiquariat«. Mitten im Ort Sonnschied an einem Wanderschilderwald als Letztes ganz unten diesmal ein hölzernes Schild: »Antiquariat«. Dann taucht ein großes Hunsrücker Bauernhaus mit einem kleinen roten Anbau auf, aus dem ein dicker, alter Kirschbaum wächst. Am Anbau steht: »Antiquariat«.

Seit 1980 gibt es das schon, und Herr Gerlach ist der stolze Besitzer von vielen tausend Büchern in seinem Antiquariat. Noch mehr private Bücher sind über mehrere Stockwerke im ganzen Haus verteilt. Gern führt er die Kunden, die er lieber als Gäste sieht, durch sein bücherreiches Haus, erzählt hier eine passende Geschichte und da eine Anekdote, wie er zu den Büchern gekommen ist.

Angefangen hat alles in Kirn. Der gelernte Friseur mit Haarstudio in der Stadt betrieb da schon ein kleines Geschäft mit alten Büchern. Sie haben ihn immer schon fasziniert, so kam 1980 die Idee zu einem eigenen Antiquariat. Aus persönlichen Gründen zog es ihn und seine Frau nach Sonnschied, wo sie 1980 das große Haus erstanden.

Hier machte Gerlach sein Hobby zum Beruf und sammelte leidenschaftlich alle Arten von Büchern. Schon die Geschichte des braunen Hinweisschildes auf das Haus der Gerlachs ist bemerkenswert. Sein erstes, selbst gemaltes Schild stellte Gerlach an der Brücke am Hahnenbach auf, kurze Zeit später brachten es zwei Straßenarbeiter zurück und meinten: »Wenn das jeder so machen würde.« Also stellte Gerlach bei der Straßenbaubehörde einen Antrag, und nach langem bürokratischem Hin und Her und mit Hilfe des Sonnschieder Bürgermeisters klappte es dann doch mit dem braunen Hinweisschild. Öffnungszeiten gibt es übrigens keine, wenn Gerlachs zu Hause sind, ist geöffnet.

Adresse Hauptstraße 12, 55785 Sonnschied | **Anfahrt** von der E 42 auf die L 182 abbiegen, über Rhaunen, Bundenbach bis ins Hahnenbachtal, vor dem Ort Hahnenbach auf die K 28 nach Sonnschied | **Öffnungszeiten** einfach klingeln | **Tipp** Im Hahnenbachtal befindet sich die Reinhardtsmühle mit ihren großen Forellenteichen. Das Restaurant ist als eines der besten Fischrestaurants Deutschlands ausgezeichnet (www.hotel-forellenhof.de).

100__ Der Bücherwurm
Zündende Ideen gegen strenge Regeln

Die Kirche von Sponheim ist schon von Weitem sichtbar, sie liegt auf einem Hügel oberhalb des Ortes. Es handelt sich um ein markantes Bauwerk, architektonisch interessant und eigentlich viel zu groß für den kleinen Ort mit seinen circa 800 Einwohnern. Gestiftet wurde sie als Klosterkirche vom Grafengeschlecht der Sponheimer Grafen. Gebaut im 11. Jahrhundert, beherbergte sie Mönche des Benediktinerordens.

Das bedeutendste Mitglied des Ordens war Johannes Trithemius (1462–1516) aus Trittenheim an der Mosel. Der in unterschiedlichen Disziplinen Gelehrte und Humanist wurde damals als jüngstes Mitglied des Klosterkonvents zum Abt gewählt. Als er in das Kloster eintrat, kümmerte er sich ganz besonders um die Erweiterung der Bibliothek. Bücher waren seine Leidenschaft. Waren es bei seinem Eintritt nur 48 Bücher, besaß das Kloster bei seinem Weggang über 2.000 Exemplare, womit die Bibliothek in Sponheim die umfassendste in ganz Deutschland war.

Den größten Teil der Klostereinnahmen setzte Trithemius für »seine« Bücher ein. Mit Erfolg, denn dieser Bücherschatz zog viele Gelehrte nach Sponheim. Mit Bischöfen und Fürsten, sogar mit Kaiser Maximilian I. stand Trithemius in Kontakt. Er verfasste selbst 90 Bücher, meist über theologische Fragen und über Ordensreformen.

In seiner Position als Abt wollte er auch den recht offenen, teilweise frivolen Lebenswandel der Mönche ändern, es sollte eine neue Ernsthaftigkeit einkehren. Er strebte die Rückkehr zu einem frommen Klosterleben an. Vermehrte Fastentage und ein strenger klösterlicher Tagesablauf waren seine Ideen, die aber von den Mönchen nicht mitgetragen wurden. Während Trithemius krank im Bett lag, zündeten einige Mönche Teile seiner geliebten, wertvollen Bibliothek an. Noch im selben Jahr verließ Johannes Trithemius das Kloster, was man durchaus verstehen kann.

Adresse Klosterhof, 55595 Sponheim | **Anfahrt** von Kirchberg auf der B 421 an der Nahe auf die B 41, nach Waldböckelheim auf die K 55 bis Sponheim, im Ort in die Klosterstraße | **Tipp** Nach dem Aufstieg zur Ruine Burg Sponheim im Nachbarort hat man vom 22 Meter hohen Burgfried einen weiten Blick ins Ellerbachtal.

101 Die starke Frau

Loretta hatte ihre eigenen Methoden

Man steigt ein paar Schiefertreppen hoch und geht durch ein steinernes Eingangstor. Das ist fast alles, was noch an die Starkenburg erinnert.

Hier oben hat bestimmt auch Gräfin Loretta von Sponheim gestanden, als ihre Helfer unten auf dem Fluss den Erzbischof und Kurfürsten Balduin von Trier gefangen nahmen. Oder war sie im Juni 1328 selbst dabei und hat mitgeholfen, den Kurfürsten, der immer wieder durch seine Machtbesessenheit auf sich aufmerksam machte, außer Gefecht zu setzen?

Loretta von Sponheim war eine bedeutende Frau ihrer Zeit, sie war alleinstehend, Witwe und Mutter eines noch unmündigen Sohnes. Also musste sie sich mit unkonventionellen, überraschenden Methoden zur Wehr setzen.

Der Streit entzündete sich an den Birkenfelder Besitztümern, auf die der Kurfürst von Trier Ansprüche erhob. Als Loretta stur blieb und ihren eigenen Anspruch kundtat, ließ Balduin in Birkenfeld eine Burg bauen, um Krieg gegen die Gräfin zu führen. Da sie nicht auf einen Krieg vorbereitet war, bediente sie sich einer List. Es heißt, sie habe in der Mosel eine Kette unter Wasser von Ufer zu Ufer spannen lassen, um nicht nur das Schiff des Kurfürsten an der Weiterfahrt zu hindern, sondern ihn auch gefangen zu nehmen. Die Helfer enterten das kurfürstliche Schiff, und Balduin wurde mehrere Wochen auf der uneinnehmbaren Starkenburg gefangen gehalten. Nach zähen Verhandlungen war er schließlich bereit, durch einen Sühnevertrag alle Ansprüche auf die neu erbaute Burg Birkenfeld aufzugeben und ein Lösegeld für sich selbst zu bezahlen. 15.000 Pfund Heller sollen es gewesen sein, das war so viel Geld, dass die streitbare Gräfin Loretta sich an der Nahe die Frauenburg als Witwensitz erbauen ließ. Ob sie ganz einfach auf stur geschaltet hat oder ob sie mit den Waffen einer Frau den Kurfürsten umstimmen konnte, ist allerdings nicht überliefert.

Adresse Schlossstraße, 56843 Starkenburg | **Anfahrt** die B 327 bei Hirschfeld verlassen, auf der L 190 weiter, die L 193 bei Abzweig Starkenburg bis Schlossstraße nehmen, kleine Parkbucht vor der Ruine | **Tipp** In der kleinen Starkenburger Kirche in der Schlossstraße geht es recht farbenprächtig zu, auf der Vorderseite der Empore sind die zwölf Apostel in leuchtenden Farben abgebildet, und die wertvolle Stumm-Orgel ist für Augen und Ohren eine Freude.

102 — Der Skulpturenweg
Hier gibt es nichts zu meckern

Wo das Dorf endet und der Wald beginnt, entsteht nach und nach auf einer Wildwiese ein Schmuckstück, ein kulturelles Aushängeschild des kleinen Hunsrückdorfes. Federführend bei diesem Skulpturenpark ist der »Geißenverein«, als kulturellen Beitrag zur Dorfentwicklung will er den Park verstanden wissen. Zu besichtigen sind Kunstwerke aus Stein, Holz und Metall.

Renommierte Künstler wie Michael Good aus Amerika stellen hier aus: »Er und Sie«, »Eiserne Kreatur«, »After Hiroshige« sind die Namen einiger Kunstwerke, die rechts und links des Pfades stehen. Die Nachbarschaft zum alten jüdischen Friedhof ist eher Zufall, aber das inspirierte zum Beispiel den amerikanischen Künstler Michael Good, ein Kunstwerk zu schaffen, dem er den Namen »Flame of Hope« gab. Marmorskulpturen stehen neben Holz- und Tonarbeiten in diesem interessanten Skulpturenpark, der immer mehr erweitert wird.

Hier kann jeder Künstler, egal, welcher Nationalität, seine Arbeiten präsentieren. Das diene der Völkerverständigung, betont der »Geißenverein«, der sogar in seiner Satzung Fremdenfeindlichkeit und Ausländerhass ausdrücklich ausschließt. Das ist auch gut so, denn einige Mitglieder sind Schweizer aus dem Saanetal.

Es sind die Ziegen, nach denen der Verein seinen Namen hat. »Wohl dem, der eine Geiß hat«, hieß es früher im Hunsrück. Sie galt als die »Kuh der kleinen Leute«. Man ließ sie deshalb auch nicht gern aus den Augen, denn eine gestohlene Geiß war für immer weg. Doch wo war die Geiß am besten aufgehoben, wenn es etwas zum Feiern gab? Genau! Man nahm sie einfach mit, zum Beispiel auf die Kirmes, und daraus hat sich in Stipshausen eine Tradition entwickelt, die dem Verein den außergewöhnlichen Namen »Geißenverein« gab. Die Stipshausener Geißen sind bei jedem Kirmesumzug dabei, und ganz wichtig: Ohne sie wird kein neues Kunstwerk im Skulpturenpark eingeweiht.

Adresse Schulstraße, 55758 Stipshausen | **Anfahrt** bei Hochscheid von der B 327 auf die K 126 abbiegen, auf der K 24 geht es weiter bis zum Ortseingang, dort rechts in die Schulstraße einbiegen | **Tipp** Im »Sironatempel« im Idarwald ist eine Statue der Sirona zu sehen. Die keltische Gottheit galt als Heilgöttin und Beschirmerin von Bächen und Flüssen. Nach ihr ist der Sirona-Wanderweg benannt, der weit über den Hunsrück führt (www.sironaweg.de).

103__Die Orgelbauer

Stumm waren sie nicht

In Sulzbach hat alles angefangen, hier war die erste Werkstatt der Orgelbauer. 1722 wurde das erste Instrument gebaut, und in den darauffolgenden 200 Jahren haben die Stumms 370 Orgeln gebaut, von denen heute noch 140 erhalten sind.

Der Hunsrück, die Mosel und das Mittelrheingebiet waren Schwerpunkte ihres Wirkens, aber auch in Saarbrücken, Luxemburg und in Amorbach im Odenwald stehen Stumm-Orgeln. Die älteste noch erhaltene und funktionierende Orgel ist im Nachbarort von Sulzbach, in Rhaunen, zu sehen und zu hören. Sie wurde 1723 von Johann Michael Stumm gebaut, dem Stammvater der Orgelbaufamilie. Einer der Orgelbauer schenkte seiner Heimatgemeinde Sulzbach eine Orgel. Nicht ohne Hintergedanken, denn so konnte er seinen Kunden an Ort und Stelle demonstrieren, wie seine Orgeln klangen. Sie wurde mit vergoldeten Holzschnitzereien verziert und erklingt heute noch in der Sulzbacher Kirche zum Lob Gottes. Nicht nur zur Liedbegleitung in den Gottesdiensten werden diese Orgeln eingesetzt, es wird auch gerne konzertiert auf der »Königin der Instrumente«.

Die vielfältige Instrumentierung durch die verschiedenen, typisch »Stumm'schen« Register reizt die Organisten immer wieder zu neuen Klangvariationen. Es gibt das Angebot des Orgelvereins Sulzbach, eine sogenannte »Orgelwanderung« mitzumachen. Man wandert von einer Orgel zur nächsten, ein Organist spielt dann auf der jeweils erwanderten Orgel, und so kann man sich einen interessanten Einblick in die Landschaft des Hunsrücks und die Orgeln der Stumms verschaffen.

Neben der Sulzbacher Kirche ist die »Stumm-Stube« untergebracht. In diesem Haus wird den Besuchern die Geschichte der Orgelbaufamilie nähergebracht. Außerdem sind Werkzeuge zu sehen, die man für den Bau einer Orgel benötigt. Ein Stammbaum hängt im Flur, und draußen neben dem Haus ist der Grabstein des letzten Orgelbauers aufgestellt.

Adresse Kirchstraße 3, 55758 Sulzbach | **Anfahrt** von der E 42 in Büchenbeuren ab auf die
L 190, in Rhaunen rechts abbiegen auf die L 180 nach Sulzbach, dort in die Kirchstraße |
Öffnungszeiten Besichtigung von Kirche und Stumm-Stube nach Vereinbarung, Telefon-
nummer im Kasten vor der Kirche | **Tipp** Das beheizte Waldfreibad Rhaunen ist umgeben
von Hoch- und Mischwäldern, sehr ruhig am Rhaunelbach gelegen. Im 24 Grad warmen
Schwimmbad ist alles da, was Wasserratten sich wünschen: Sprungbecken, Sprungbrett,
Planschbecken und eine Rutschbahn (www.vg-rhaunen.de/Tourismus-Freizeit/Freibad).

104__Das Thermalbad
Thermalbad nur für Füße

Wenn man das Kantenbachtal hinabfährt, kommt man nach Bad Wildstein. Es sind nur drei, vier Häuser, die hier verstreut im engen, schattigen Bachtal stehen. Am ehesten fällt ein lang gestrecktes, eingeschossiges Gebäude ins Auge, gleich neben der Bundesstraße. Sein Mansarddach und die runden Fensteröffnungen mit rotem Backstein geben dem schmalen, langen Haus einen vornehmen Anstrich.

Tatsächlich ging es hier früher ganz illuster zu: Aus aller Welt reisten Menschen mit Gicht und Rheuma, Blasen- und Nierenleiden an, um in Bad Wildstein zu kuren. Eigentlich hatte man 1799 bei den Bohrungen in die Schieferfelsen gehofft, Erz zu finden. Aber statt auf eine Erzader stieß man »nur« auf eine Wasserader.

Es war allerdings eine sehr heiße Wasserader. Und weil alles über 30 Grad Thermalwasser heißt, kam man 1883 auf die Idee, die Quelle zu fassen, ein Badehaus zu bauen und Kuren anzubieten. »Die Kleinheit der Anlage darf nicht über ihre Bedeutung hinwegtäuschen, werden doch hier in Bad Wildstein über 15.000 Bäder verabreicht«, heißt es in einem Zeitungsbericht aus dem Jahr 1957.

Der nahe Weinort Traben-Trarbach profitierte von dieser Quelle. Der Fremdenverkehr in der Jugendstilstadt entwickelte sich prächtig, denn den ganzen Tag in Bad Wildstein zu verbringen, war doch etwas zu eng und langweilig.

Heute kurt niemand mehr in Bad Wildstein, das alte Badehaus verfällt. Das 33 Grad heiße, mit wertvollen Spurenelementen angereicherte Thermalwasser aber wird in die nahe gelegene Moseltherme geleitet. Die großzügige Badelandschaft mit Thermalbecken, Whirlpool und Sauna bietet den Besuchern heute Wellness pur.

Doch zurück nach Bad Wildstein, ein heißer Tipp: Da, wo die Quelle ihr überflüssiges Wasser in den Kautenbach abführt, steht auf der anderen Seite des Baches ein Schild: »Thermal-Fußbad«. Geht man über die Brücke und von da mit nackten Füßen in den Bach, steht man in der wohl heißesten Wassertretanlage des Hunsrücks.

Adresse Wildbadstraße, 56841 Traben-Trarbach-Bad Wildstein | **Anfahrt** von der Hunsrück-höhenstraße bei Wederath auf die B 42, in Longkamp abbiegen auf die L 187, nach zehn Minuten Fahrt oberhalb des alten Badehauses parken | **Tipp** Traben-Trarbach, die Doppelstadt an der Mosel, empfängt den Besucher mit einzigartiger Jugendstilarchitektur in beiden Stadtteilen. Besonders sehenswert ist die Brückenschenke, Brückenstraße 33, ein Restaurant über die Brücke. Öffnungszeiten April–Okt. Mi–Mo 11–22 Uhr; Nov.–März Mi–Mo 14–22 Uhr, Di Ruhetag.

105 — Der Rotenfels

Der deutsche Ayers Rock

Staunend legt man den Kopf in den Nacken und schaut nach oben: Gigantisch! Der deutsche Ayers Rock! Nirgendwo sonst zwischen Nordkap und Alpen findet sich ein solches Felsmassiv. Mit 202 Metern Höhe und 1.200 Metern Breite ist es ein echter Superlativ. Entstanden vor circa 260 Millionen Jahren in einer vulkanisch aktiven Phase der Region, besteht der spektakuläre Felsen aus Ryolithgestein, das besonders bei Sonnenuntergängen in warmen, fast unwirklichen Rottönen leuchtet.

Vom Ort Traisen aus gelangt man auf den Berggipfel. Wenn der Wind aus Südsüdwest weht, kommt er hier oben ungehindert an, er pfeift um die Felsspitzen und lässt die Augen tränen. Im Hangaufwind kreisen zwei große Raubvögel, ab und zu zischen Falken mit schrillen Schreien durch die Luft. Auf dem Gipfelplateau finden sich Hinweisschilder auf Flora und Fauna. Das Felsmassiv steht unter Naturschutz, denn hier wachsen seltene, vom Aussterben bedrohte Pflanzen, und es gibt Tiere, die sonst nur im Mittelmeerraum vorkommen. In den trockenen und heißen Südhängen kann man Zikaden hören, Schmetterlinge flattern herum. Ganz vorn am Geländer, beim Blick nach unten, weicht man unwillkürlich einen Schritt zurück, und manchem nicht schwindelfreien Besucher schlottern die Knie. Der Blick geht von hier oben aus weit ins Weinbergsland der Nahe. Ein Fahndungsplakat der Polizei hängt an einem Baum. Gesucht wird ein Steinewerfer, der von hier oben einen großen Stein nach unten auf ein vorbeifahrendes Auto geworfen hat. Er hat getroffen und den Fahrer schwer verletzt.

Als Kletterfelsen ist der Rotenfels sehr beliebt, von überall her kommen Sportler und wollen den Berg auf Wegen bezwingen, die typische Klettertournamen haben: »Großer Riss«, »Mittelrippe«, »Saarbrücker Kamin«, man durchsteigt die »Große Rinne«, man besteigt die »Kilmer Nadel«, doch bei allen verschiedenen Namen: Man klettert immer im Rotenfels.

Adresse Rotenfelser Straße, 55595 Traisen | **Anfahrt** von Kirchberg auf der B 421 nach Martinstein, an der Nahe auf die B 41 bis Waldböckelheim, dort nach Traisen, in Traisen ausgeschildert bis zum Parkplatz Rotenfels | **Tipp** An der Uferpromenade der Nahe quert von April bis November Süddeutschlands einzige handgezogene Fähre die Nahe und bringt den Fahrgast zum Wanderweg auf den hohen Rheingrafenstein.

106 Die Mariengrotte

Tankstelle der Stille

Vom Hunsrück geht es durchs Flaumbachtal in einer kurvenreichen Strecke hinab an die Mosel. Es ist eine ideale Strecke für Motorradfahrer, die an sonnigen Wochenenden in großen Pulks durch die vielen Kurven unterwegs sind. Das Dröhnen der Maschinen im engen Bachtal wird von den hoch aufragenden Bergen als Echo zurückgeworfen, doppelter Lärm entsteht, aber das gehört zum Motorradfahren dazu. Manche sind viel zu schnell und zu laut unterwegs, aber ungefähr in der Mitte der Strecke zwischen Hunsrück und Mosel werden die Maschinen langsamer und leiser. Den Blinker setzend, biegen sie auf einen Parkplatz gegenüber dem Kloster Maria Engelport ab, um dort ihre Motorräder auf die Ständer zu hieven. Etwas steif vom langen Sitzen gehen die Biker dann staksig und breitbeinig über die Straße zu einer Grotte, in der ein Marienbild steht, Helm ab zum Gebet. Manche der rauen Kerle falten die Hände, manche schlagen sogar ein Kreuz, und einer zündet eine Kerze an, in aller Stille.

Das Kloster Maria Engelport ist wirklich ein Ort der Stille. 1220 wurde es im idyllischen Flaumbachtal gegründet. Während der Französischen Revolution geplündert und zerstört, wurde das Kloster wiederaufgebaut und zu einem Ort des Gebetes und der Erholung eingerichtet. Nach dem Wiederaufbau wurden Ordensbrüder für die deutsche Kolonie in Südwestafrika, heute Namibia, hier ausgebildet. Auch junge Männer, die Ordensbruder werden wollten, verbrachten hier ihr Noviziat. 1915 errichtete einer der Patres mit Unterstützung russischer Kriegsgefangener einen Nachbau der Grotte von Lourdes, sie wurde der »Friedenskönigin« geweiht.

Die Motorradfahrer gehen von der Grotte zum Parkplatz, sie setzen ihre Helme wieder auf, und unter mächtigem Getöse der PS-starken Maschinen fahren sie wieder davon. Die Berge werfen das Echo noch eine Weile zurück, dann kehrt wieder Stille ein im Kloster Maria Engelport.

Adresse Flaumbachtal 4, 56253 Treis-Karden | **Anfahrt** von der B 327 bei Kastellaun auf die L 202 in Richtung Treis-Karden bis Flaumbachtal 4 abbiegen | **Tipp** Die Pulgermühle liegt wunderschön im Bachtal und bietet Hunsrücker Spezialitäten wie Bratwurst und Salamibrot vom heimischen Wild an (www.pulgermuehle.de).

107__Das Windrad
Windräder im Gegenwind

Windenergie wird vom Menschen seit Jahrhunderten genutzt. Man denke an Segelschiffe und Windmühlen. Auch die Hunsrücker nutzen den Wind, der über ihr Bergland fegt. Zum Beispiel die Bürger der Gemeinde Wahlenau. Einige von ihnen hatten schon 1996 die Idee gehabt, den Wahlenauer Wind für den Ort zu nutzen. Sie beauftragten eine Spezialistin, an der höchsten Stelle der Gemarkung ein Jahr lang den ankommenden Wind zu messen. Nachdem klar war, dass der Wind ausreicht, um 500 Haushalte mit Strom zu versorgen, taten sie sich zusammen und gründeten eine GmbH & Co KG.

Und so stehen seit 1997 zwei Windräder auf dem höchsten Punkt der Wahlenauer Gemarkung. Neben jedem Windrad befindet sich ein grünes Übergabehäuschen, in dem der Strom in die Leitung eingespeist wird. Über 20 Millionen Kilowattstunden haben die beiden 54 Meter hohen Windräder seit ihrer Inbetriebnahme in die Stromleitung eingegeben. Somit ist Wahlenau eine der ersten Windstrom produzierenden Gemeinden auf dem Hunsrück. Doch im Hunsrück ist in der letzten Zeit Kritik an der Windkraft entstanden, der Wind dreht sich sozusagen gegen die Windräder. Die Gegner dieser Anlagen stört vor allem Folgendes: Windräder beeinträchtigen die Schönheit des Hunsrücker Landschaftsbilds und schädigen den Waldbestand. Für den Bau eines Fundamentes braucht man Stahl und Beton, die nach Meinung vieler Naturliebhaber nicht in den Wald gehören. Außerdem werden Vögel erschlagen.

Die Befürworter halten dagegen: Der Rohstoff Wind ist billig, die Amortisationszeit kurz, es gibt keinen Ausstoß von Schadstoffen. Keine Energieform braucht so wenig Platz wie die Windkraft. Es ist eine ökologisch unbedenkliche Energie. Windkraftanlagen sind neben den Wasserkraftwerken die umweltfreundlichste Energiequelle.

Wie auch immer die Debatte ausgehen wird: Noch stehen die Windräder da und prägen die Hunsrücker Landschaft.

Adresse 55491 Wahlenau | Anfahrt auf der B 327 nach Wahlenau, auf die K 77 abbiegen, auf Wirtschaftswegen zu den Windrädern | Tipp Die Kombination einer Fahrt mit der Hochwaldbahn ab Bahnhof Wahlenau mit einer Wanderung rund um die Orte Hirschfeld und Horbruch ist sehr reizvoll (www.hochwaldbahn.de).

108_ Die Autobahnkirche

Rastplatz für die Seele

Runter vom Gas, rein in die Kirche, auf zum Rastplatz für die Seele! Abfahrt von der A 61. Aber wer sie sich so vorstellt wie die meisten anderen Autobahnkirchen oder -kapellen, der irrt. Sie liegt nicht auf einem Rastplatz an der Autobahn, sondern mitten in Waldlaubersheim. Man fährt durch den Ort und landet vor einer Dorfkirche. Sie hat auch keinen Kapellencharakter wie die anderen Autobahnkirchen, sondern sie ist groß und alt.

Seit 1991 besteht das Angebot der evangelischen Gemeinde Waldlaubersheim, ihre Kirche als Autobahnkirche zu nutzen. Es werden hier also nicht nur Gottesdienste für die Gläubigen des Ortes abgehalten, sondern man bietet auch den Reisenden in dieser Karawanserei der Ruhe ein paar Momente der Besinnlichkeit. Es liegt ein »Anliegen-Buch« bereit, in das Reisende ihre Nöte, Ängste und Hoffnungen notieren können. Wenn man darin blättert, findet man tatsächlich viele verkehrstechnische Dankbezeugungen: »Danke, gerade noch einmal die Kurve gekriegt!« – »Lieber Gott, hab Dank für deine Hilfe in der schwierigen Fahrsituation eben auf der Autobahn.«

Man kann seine Bitten auch auf Zettel schreiben und sie an einem Holzkreuz, das an der Wand hängt, befestigen. Auf einer Ablage findet man ein kleines blaues Faltblatt, »Reisesegen« lautet der Titel. Darin gibt es Gebete und Segenswünsche in vielen verschiedenen Sprachen zu lesen, in aller Ruhe, denn hier drinnen ist das Getöse der Autobahn nicht zu hören.

An deutschen Autobahnen gibt es 38 dieser Kirchen, kein anderes Land verfügt über eine so große Dichte an Besinnungs-Drive-ins. Das Dauerrauschen des Verkehrs einen Moment lang aus den Ohren zu bekommen, das ist der Sinn dieser christlichen Auftank-Stationen. Und bevor man die Zündkerzen des Autos wieder startet, kann man hier noch eine Kerze aufstellen und sich und allen anderen eine gute Fahrt wünschen.

Adresse Binger Straße, 55444 Waldlaubersheim | **Anfahrt** von der A 61 Abfahrt Waldlaubersheim, die Kirche ist ausgeschildert | **Öffnungszeiten** Mo–So 8–18 Uhr, in den Sommermonaten bis 20 Uhr | **Tipp** Ein Besuch im Orgelmuseum Windesheim ist eine außergewöhnliche Angelegenheit. Hier bekommen die Augen und vor allen Dingen die Ohren was ab (Hauptstraße 52, www.orgel-art-museum.de).

109_ Die Bücherzelle

Tag der offenen Tür

In England sind die Telefonzellen rot, in Deutschland – wenn sie denn noch stehen – gelb, und in Waldlaubersheim stößt man auf eine blaue Telefonzelle.

Hier sucht man jedoch vergebens ein Telefon, hier gibt es nur Bücher. Wobei das Wort »nur« von besonderer Bedeutung ist, denn wer vermutet schon in einer Telefonzelle Bücher? Die blaue Zelle steht direkt am Feuerwehrhaus, sie ist die wohl kleinste Bücherei der Region, wenn nicht sogar von Rheinland-Pfalz.

Eröffnet wurde sie im September 2012. Überrascht steht man davor, schließlich öffnet man neugierig die blaue Tür. Der Blick fällt sofort auf gut sortiertes Lesematerial: Sachbücher, Romane, Bildbände, auch an die Kinder hat man gedacht und sogar an die Gartenfreunde: Hier stehen auch Fachbücher zur Gartengestaltung. Fünf Regale sind in der Zelle untergebracht, sie bieten Platz für 350 Werke. Das Team, das die Bücher hier einstellt, hat ein Gespür für bunte leserische Vielfalt und Qualität. Kompliment! Und wer Bücher übrig hat, kann sie im Bürgermeisteramt vorbeibringen.

Neben der blauen Zelle befindet sich eine Bank. Wie praktisch! Wer Lust hat, nimmt sich ein Buch aus der Zelle und liest gleich hier, im Hintergrund das Murmeln des Hahnenbachs, so lässt sich's leben beziehungsweise lesen. Sogar wenn es draußen dunkel ist, kann man hier lesen, in der Zelle gibt es Licht.

Wer aber lieber zu Hause lesen möchte, der nimmt sich ein Buch einfach mit, man darf sich den Lesestoff vier Wochen lang ausleihen, aber dann sollte er wieder eingestellt werden. Das funktioniert tadellos.

Und einmal im Monat wird der Lesestoff ausgetauscht. Wenn es regnen sollte und die Bank vor der Zelle nicht benutzbar ist, auch kein Problem: In der blauen Zelle liegt ein blauer Stoffklappstuhl, der mit wenigen Handgriffen zum Lesesessel wird.

Übrigens: Es gibt in der Telefonzelle kein Telefonbuch.

Adresse 55444 Waldlaubersheim | **Anfahrt** Abfahrt von der A 61 Waldlaubersheim, den Schildern Autobahnkirche folgen, am Hahnenbach steht die Bücherzelle an der Windesheimer Straße | **Öffnungszeiten** jederzeit zugänglich | **Tipp** Wenn Sie die K 41 Richtung Rümmelsheim fahren, kommen Sie an phantastischen Sandsteinformationen und am Schlossgut Diel vorbei, in dem eine Vinothek zum Probieren einlädt. Öffnungszeiten Mo–Do 9–17 Uhr, Fr 9–14 Uhr, Sa, So nach Absprache unter Tel. 06721/96950.

110___Der Goßberg
Der Dritte Weltkrieg fand nicht statt

Er heißt Goßberg, aber eigentlich ist es ein Hügel mit einer sanften Kuppe, der in der Nähe von Wüschheim liegt. 494 Meter ist er hoch, und auf seinem Gipfel wachsen Stacheldraht, hohe Lampen und Schilder mit der Aufschrift »Betreten verboten«. Rund um den Berg wird Landwirtschaft betrieben.

Schon 1956 wurde die Kuppe des Hügels genutzt, die amerikanischen Streitkräfte betrieben eine Radaranlage auf diesem strategisch wichtigen Punkt. Dann begann die Aufrüstung, und im Hunsrück wurden Raketenabschussbasen gebaut und Cruise-Missile-Raketen in Stellung gebracht. Man hatte Angst vor den Russen, die mit ihren Atomraketen auf die amerikanischen antworten würden. Also beschlossen die Amerikaner, sich unter Tage zu verstecken. Von 1984 bis 1988 grub man einen 30 Meter tiefen, atombombensicheren Bunker in die Kuppe des Goßbergs. In diesen Bunker sollte die von den amerikanischen Streitkräften geführte Nato-Leitstelle einziehen, um die nahe gelegene Raketenstellung Pydna zu leiten.

Drei Stockwerke hat der Goßbergbunker: Auf der ersten Ebene sollte der Wasser- und Dieselvorrat gelagert werden, die zweite Ebene war für Lüftungs- und Reinigungsanlage, für Lager- und Umkleideräume gedacht, die dritte Ebene sollte die Rechner, die Elektrik und die Verwaltung beherbergen. Dann vertrugen sich Ronni und Gorbi auf einmal, die Raketen wurden nach Amerika zurückgeflogen, die russischen Raketen blieben zu Hause, der Bunker wurde – noch vor der Fertigstellung – überflüssig. 1999 sollte der Bunker an eine Firma verkauft werden, die dort Teile der alten deutschen Währung und Tranchen der neuen Euro-Währung sicher bunkern wollte, ein europäisches Fort Knox sollte es werden. Doch dann kaufte eine belgische Firma den Bunker und wollte ihn am Weltuntergangstag 21. Dezember 2013 für 300 Euro pro Person vermieten. Der Weltuntergang wurde abgesagt, und der Bunker blieb leer. Wie immer.

Adresse Goßberg, 55471 Wüschheim | **Anfahrt** von der B 327 auf der L 226 bis Wüsch-heim, Ortsausgang Richtung Hasselbach, Feldweg zur höchsten Erhebung, dem Goßberg, nehmen | **Öffnungszeiten** nur von außen | **Tipp** Wer an kuschelige Pullover denkt, sollte sich das Alpaka-Gehege am Ortsrand von Wüschheim ansehen. Dort laufen sie noch ungestrickt herum.

111_ Der Hammer
Sound der Vergangenheit

Schmelz, Damflos, Neuhütten, das sind Namen von Dörfern im Hunsrücker Hochwald. Holzfäller, Köhler, Erzgräber, Schmelzer und Hammerschmied, das sind Berufe im Hunsrück des 17. Jahrhunderts. Man könnte den Hunsrück zu dieser Zeit tatsächlich als »vorindustrielles Ruhrgebiet« bezeichnen. Überall wurde Erz gewonnen. Der Wald wurde gerodet, und Köhler produzierten Holzkohle für die Öfen, in denen das Eisen geschmolzen wurde. Diese ganzen Vorgänge waren nötig, um einen Hammer in Betrieb zu nehmen, der das glühende Metall zu Werkzeugen schmiedete.

Der »Züscher Hammer« ist das beste Beispiel für solch ein vorindustrielles Eisenhüttenwerk. Ohne Wasser wäre hier aber nichts gelaufen. Im idyllischen Tal, da wo Dom- und Königsbach sich zum Altbach vereinigen, wachsen Sumpfdotterblumen, Lupinen und Glockenblumen. Vögel zwitschern, der Bach murmelt, und im aufgestauten Weiher springen die Fische. Schwer vorstellbar, dass hier einmal ein großer Industriestandort mit all seinen Zulieferbetrieben war. Als Streuanlage errichtet, umfasste er eine Holzkohlenscheuer, eine Schmelze und ein Pochwerk, in dem die Produkte geschmiedet wurden.

Ende des 17. Jahrhunderts war es die größte Anlage weit und breit, der Chef kam aus Belgien und brachte einige seiner Landsleute mit. Kein Wunder, dass es hier heute noch Namen wie Grandjean und Lacroix gibt. Ungefähr in der Mitte des 19. Jahrhunderts wurde das Werk stillgelegt und verfiel. Erst 1983 erkannte man den Wert der alten Anlage und grub sie wieder aus. Mit Hilfe des Landesmuseums wurden einige Gebäude freigelegt und das Pochwerk mit dem Gestell für den großen Hammer wiederaufgebaut. Beeindruckend ist dieser Hammer! Schon allein der Stiel, ein langer massiver Balken, an dessen Ende der eiserne Hammerkopf befestigt ist. Laut ist er bei den Vorführungen, und der Name »Pochwerk« bekommt auf einmal eine klangvolle Bedeutung.

Adresse 54422 Züsch | **Anfahrt** in Hermeskeil auf die L 165, in Züsch dem »Hammer« folgen | **Öffnungszeiten** jeden 1. Sa und So im Monat, Besichtigung nur nach Voranmeldung unter Tel. 06503 / 7721 | **Tipp** Bei einem Besuch im Hexenmuseum Grimburg bekommt der Besucher Einblicke in den Hexenwahn vergangener Zeiten, von Foltermethoden, aber auch von einzelnen Schicksalen erfährt man hier Grausliges (Hauptstraße 16, www.hermeskeil.de).

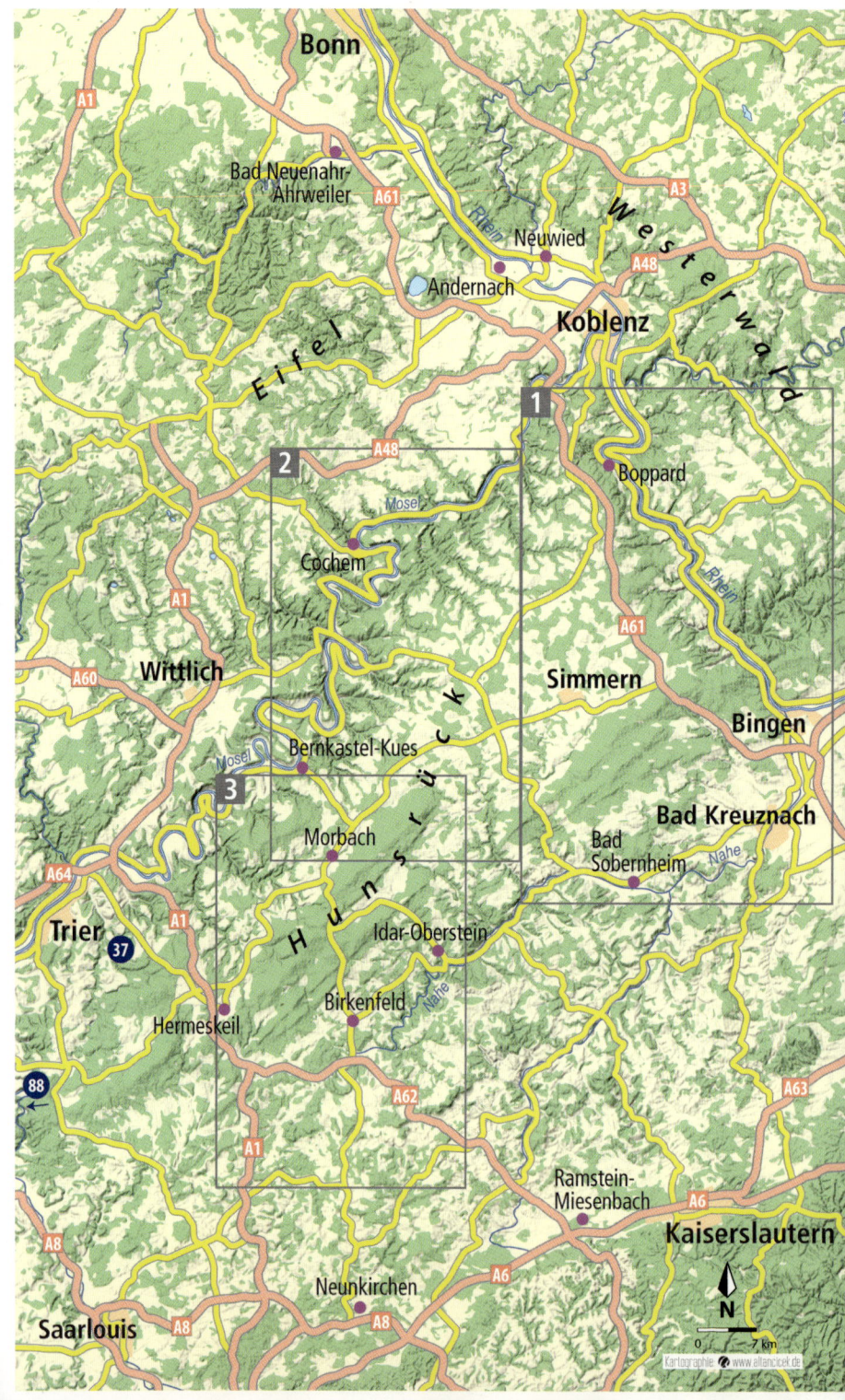

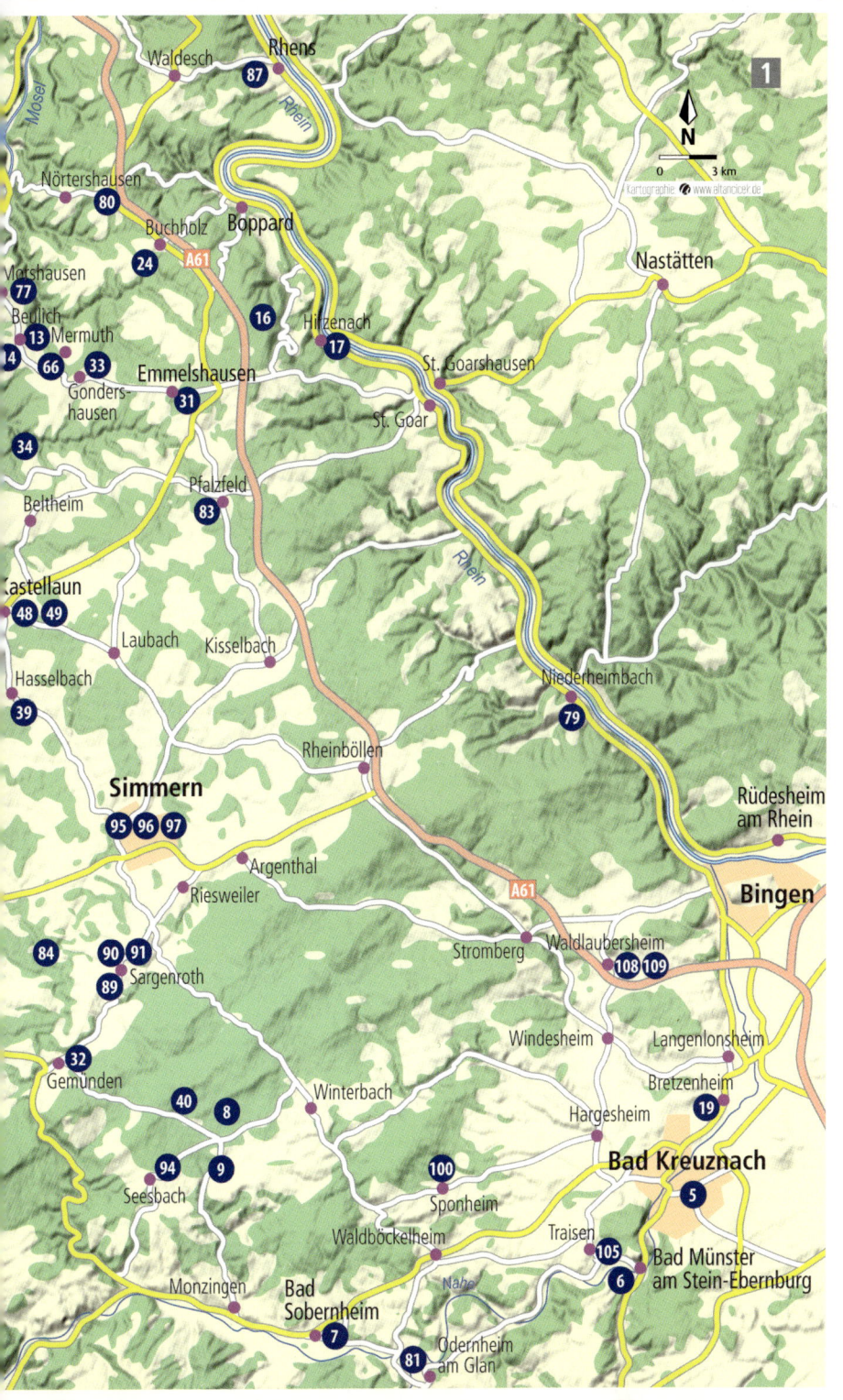

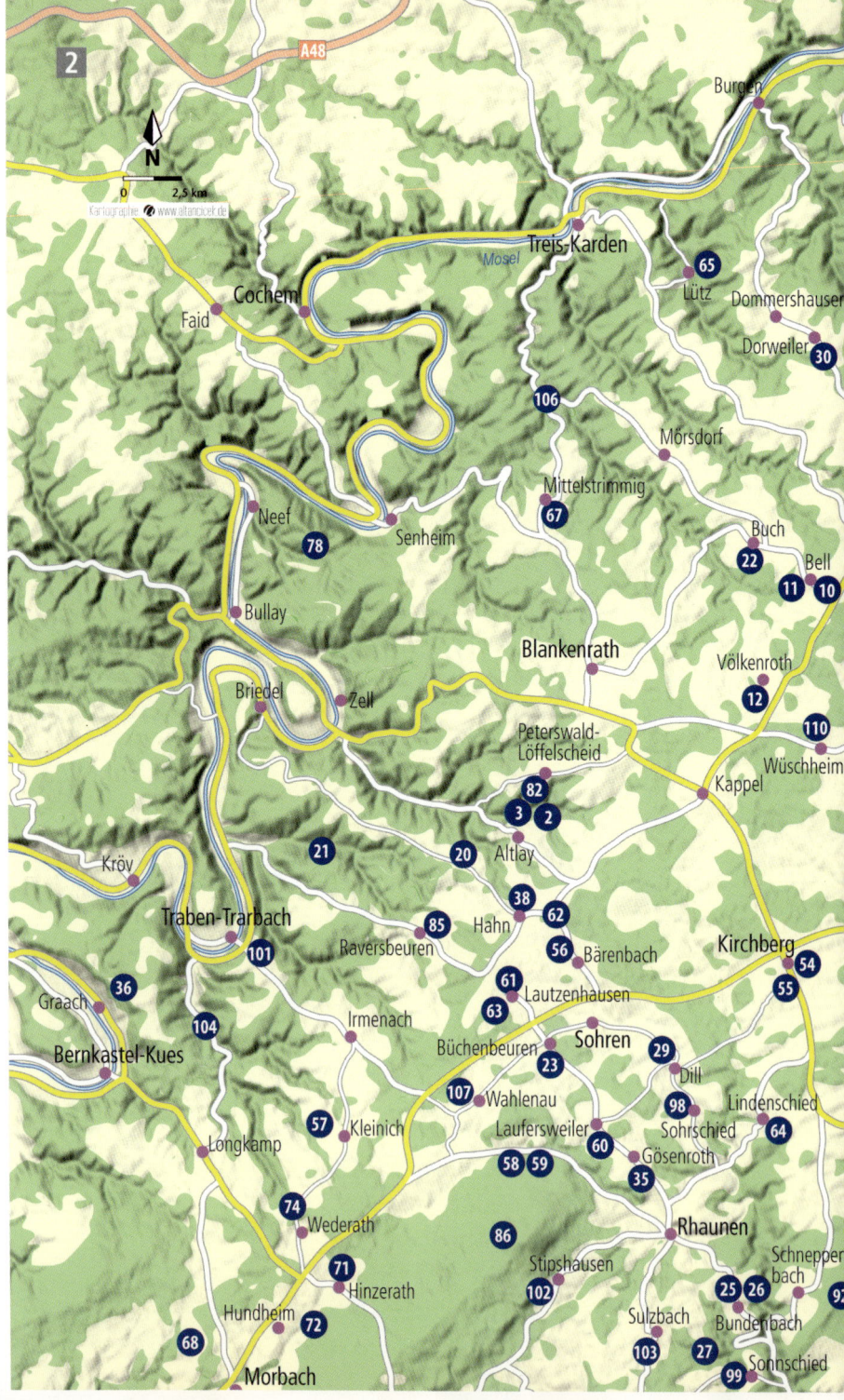

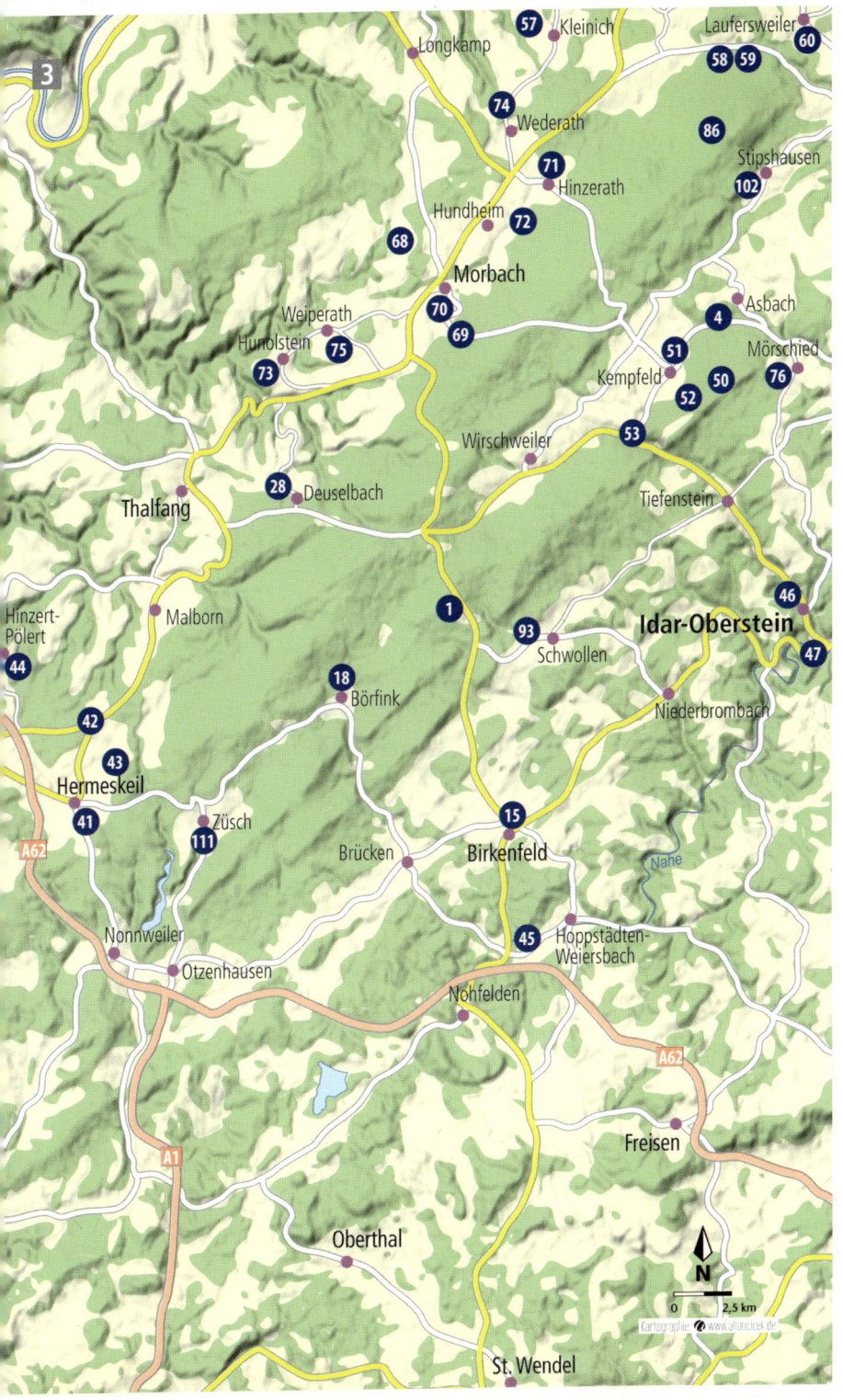

Rüdiger Liedtke
111 Orte auf Mallorca, die man gesehen haben muss
ISBN 978-3-89705-975-7

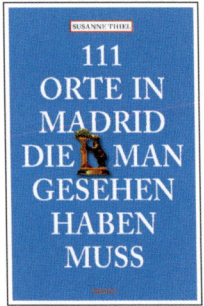

Susanne Thiel
111 Orte in Madrid, die man gesehen haben muss
ISBN 978-3-95451-118-1

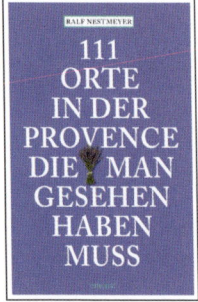

Ralf Nestmeyer
111 Orte in der Provence, die man gesehen haben muss
ISBN 978-3-95451-094-8

Peter Eickhoff
111 Orte in Wien, die man gesehen haben muss
ISBN 978-3-89705-969-6

Stefan Spath
111 Orte in Salzburg, die man gesehen haben muss
ISBN 978-3-95451-114-3

Regine Zweifel
111 Orte in Paris, die man gesehen haben muss
ISBN 978-3-89705-823-1

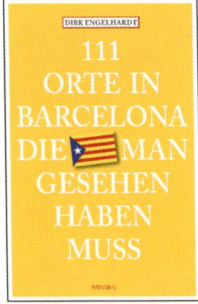

Dirk Engelhardt
111 in Barcelona, die man gesehen haben muss
ISBN 978-3-95451-066-5

John Sykes
111 Orte in London, die man gesehen haben muss
ISBN 978-3-95451-117-4

Annett Klingner
111 Orte in Rom, die man gesehen haben muss
ISBN 978-3-95451-219-5

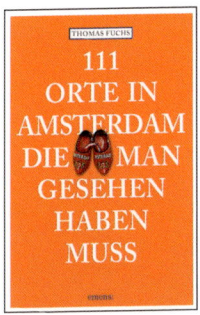

Thomas Fuchs
111 Orte in Amsterdam, die man gesehen haben muss
ISBN 978-3-95451-209-6

Stefan Spath / Gerald Polzer
111 Orte im Salzkammergut, die man gesehen haben muss
ISBN 978-3-95451-231-7

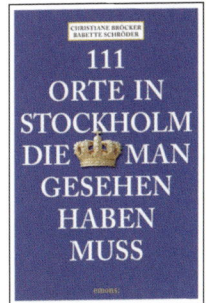

Christiane Bröcker, Babette Schröder
111 Orte in Stockholm, die man gesehen haben muss
ISBN 978-3-95451-203-4

Lucia Jay von Seldeneck, Carolin Huder, Verena Eidel
111 Orte in Berlin, die man gesehen haben muss
ISBN 978-3-89705-853-8

Rike Wolf
111 Orte in Hamburg, die man gesehen haben muss
ISBN 978-3-89705-916-0

Bernd Imgrund
111 Kölner Orte, die man gesehen haben muss
Band 1
ISBN 978-3-89705-618-3

Gabriele Kalmbach
111 Orte in Dresden, die man gesehen haben muss
ISBN 978-3-89705-909-2

Oliver Schröter
111 Orte in Leipzig, die man gesehen haben muss
ISBN 978-3-89705-910-8

Rüdiger Liedtke
111 Orte in München, die man gesehen haben muss
ISBN 978-3-89705-892-7

Daniela Bianca Gierok
und Ralf H. Dorweiler
**111 Orte im Schwarzwald, die
man gesehen haben muss**
ISBN 978-3-89705-950-4

Barbara Goerlich
**111 Orte auf der Schwäbischen
Alb, die man gesehen haben
muss**
ISBN 978-3-89705-948-1

Lucia Jay von Seldeneck,
Carolin Huder, Verena Eidel
**111 Orte in Berlin,
die Geschichte erzählen**
ISBN 978-3-95451-039-9

Stefanie Jung
**111 Orte in Mainz, die man
gesehen haben muss**
ISBN 978-3-95451-041-2

Gabriele Kalmbach
**111 Orte in Stuttgart, die
man gesehen haben muss**
ISBN 978-3-95451-004-7

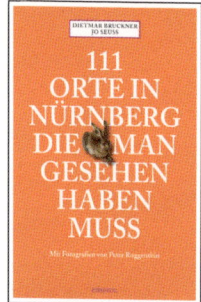

Dietmar Bruckner, Jo Seuß
**111 Orte in Nürnberg, die
man gesehen haben muss**
ISBN 978-3-95451-042-9

Ulf Annel
**111 Orte in Erfurt, die
man gesehen haben muss**
ISBN 978-3-95451-022-1

Oliver Schröter
**111 Orte in Sachsen, die
man gesehen haben muss**
ISBN 978-3-95451-021-4

Reiner Vogel
**111 Orte in Regensburg, die
man gesehen haben muss**
ISBN 978-3-95451-054-2

Dietmar Bruckner und
Michaela Moritz
**111 Orte in Bayreuth und der
Fränkischen Schweiz, die
man gesehen haben muss**
ISBN 978-3-95451-130-3

Christina Kuhn und
Christian Löhden
**111 Orte in der Pfalz, die
man gesehen haben muss**
ISBN 978-3-95451-085-6

Oliver Schröter
**111 Orte für echte Männer,
die man gesehen haben
muss**
ISBN 978-3-95451-228-7

Peter Eickhoff
**111 Düsseldorfer Orte, die
man gesehen haben muss**
ISBN 978-3-89705-699-2

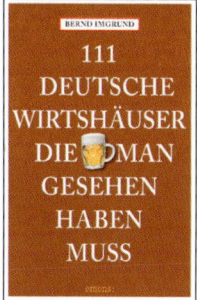

Bernd Imgrund
**111 deutsche Wirtshäuser,
die man gesehen haben muss**
ISBN 978-3-95451-080-1

Cornelia Kuhnert
**111 Orte in Hannover, die
man gesehen haben muss**
ISBN 978-3-95451-086-3

Dietlind Castor
**111 Orte am Bodensee, die
man gesehen haben muss**
ISBN 978-3-95451-063-4

Fabian Pasalk
**111 Orte im Ruhrgebiet, die
man gesehen haben muss**
ISBN 978-3-89705-814-9

Bernd Imgrund
**111 Orte in der Eifel, die
man gesehen haben muss**
ISBN 978-3-95451-003-0

Die Autoren

Peter Friesenhahn, geboren 1952, arbeitet als Musiker, Filmemacher und Autor. Für den SWR-Hörfunk schreibt er satirische Glossen, er dreht Filmdokus über die Regionen Mosel, Eifel, Hunsrück, und seine zwei bisher erschienenen Regionalkrimis spielen an der Mittelmosel.

Elisabeth Friesenhahn, geboren 1957, studierte Klavier an der Musikhochschule Trossingen und ist seit dreißig Jahren als Klavierpädagogin an der Kreismusikschule Cochem-Zell tätig. Sie ist eine leidenschaftliche Leserin und geht mit ihrem Mann gern wandern, nicht nur im Hunsrück.